Aus den Reben fließt das Leben

Geschichten und Gedichte vom Wein

Herausgegeben von
Heinz Ludwig Arnold

Fischer Taschenbuch Verlag

Originalausgabe

Veröffentlicht im Fischer Taschenbuch Verlag,
einem Unternehmen der S. Fischer Verlag GmbH,
Frankfurt am Main, Oktober 2010

Für diese Ausgabe:

Satz: Dörlemann Satz, Lemförde
Druck und Bindung: CPI – Clausen & Bosse, Leck
Printed in Germany
ISBN 978-3-596-90294-1

Unsere Adressen im Internet:
www.fischerverlage.de
www.fischer-klassik.de

Inhalt

I

II

III

IV

V

VI

VII

VIII

IX

X

Man beschuldiget zwar die Teutschen: daß sie viel trinken, man sagt aber nicht, daß sie auch offt und viel dürstet. Wir wohnen in einem kalten Lande, sind grosse und starke Leute, die wol arbeiten, und auch wol essen und trinken mögen, darzu hat uns Gott so guten Wein wachsen lassen, daß wir desselben gemessen sollen unsere kalten Mägen zu erwärmen, wie den Italiänern die Citronien und Pomerantzen zur Erfrischung, und den Mitternächtigen Völkern das Futter- und Beltzwerk zu Bekleidung gegeben ist.
Georg Philipp Harsdörffer

Es irrt Cartesius; es ist ein leerer Raum,
Ich sehs an meinem Magen:
Denn dieser kann das Leere kaum
Minuten lang vertragen:
Er will mit ausgesuchtem Wein
Von oben angefüllet seyn,
Und scheint mich stets zu fragen:
Schenkst du nicht wieder ein?
Christian Felix Weiße

Schweigt, unberauschte, finstre Richter!
Ich trinke Wein, und bin ein Dichter.
Tut mir es nach, und trinket Wein,
So seht ihr meine Schönheit ein.
Sonst wahrlich, unberauschte Richter,
Sonst wahrlich seht ihr sie nicht ein!
Gotthold Ephraim Lessing: An die Kunstrichter

I

Nicht vermochte die Traube den Wein noch länger zu halten,
Als man sie kelterte, war sie dem Zerspringen schon nah;
Auch nicht konnte das Faß, das starke, den feurigen fesseln,
wenn man nicht schnell ihn gezapft, hätt' er sich selber befreit;
Noch viel weniger hält ihn der Dichter, der ihn getrunken,
Jetzt zurück, als Gedicht fliegt er schon wieder davon;
Mög' es den Hörer berauschen, und mög' er nicht eher ernüchtern,
Bis er Reben gepflanzt, daß sich vollende der Kreis!
Friedrich Hebbel: Geschlossener Kreis

Gotthold Ephraim Lessing

Der trunkne Dichter lobt den Wein

Mit Ehren, Wein, von dir bemeistert,
Und deinem flüß'gen Feu'r begeistert,
Stimm ich zum Danke, wenn ich kann,
Ein dir geheiligt Loblied an.

Doch wie? in was für kühnen Weisen
Werd' ich, o Göttertrank, dich preisen?
Dein Ruhm, hör' ihn summarisch an,
Ist, daß ich ihn nicht singen kann.

Gotthold Ephraim Lessing

Antwort eines trunknen Dichters

Ein trunkner Dichter leerte
Sein Glas auf jeden Zug;
Ihn Warnte sein Gefährte:
Hör' auf! du hast genug.

Bereit vom Stuhl zu sinken,
Sprach der: Du bist nicht klug;
Zu viel kann man wohl trinken,
Doch nie trinkt man genug.

Johann Wolfgang Goethe

Dichter.

Schenke komm! Noch einen Becher!

Schenke.

Herr, du hast genug getrunken,
Nennen dich den wilden Zecher!

Dichter.

Sahst du je daß ich gesunken?

Schenke.

Mohamed verbietets.

Dichter.

Liebchen!
Hört es niemand, will dir's sagen.

Schenke.

Wenn du einmal gerne redest,
Brauch' ich gar nicht viel zu fragen.

Dichter.

Horch! wir andre Muselmannen
Nüchtern sollen wir gebückt seyn,
Er in seinem heil'gen Eifer
Möchte gern allein verrückt seyn.

Friedrich Rückert

Der Talisman des Weines

Wer trinkt soll reines Herzens sein,
Mit Wein ist nicht zu scherzen.
Der reine rote Edelstein
Veredelt zwar die Herzen;
Doch die Veredlung geht verloren,
Wo nicht ist Edles eingeboren:
Ihr Edlen, trinkt den edlen Wein!

Es ist das zarte Feenkind
Vor dumpfer Roheit schüchtern,
Und keinem ist es hold gesinnt,
Wer tobt, noch wer ist nüchtern.
Geheimnisse ihm abzulauschen,
Muß man sich mit Verstand berauschen
Und nicht sich zechen taub und blind.

Die Liebe ist als Talisman
Dem Weine unentbehrlich,
Und ohne Schönheit obenan
Ist ein Gelag gefährlich.
Drum trinkt nur ohne Fahr ein Dichter,
Weil er ruft schöne Augenlichter
Bei jedem Glas zu Zeugen an.

Joseph von Eichendorff

Die Heymonskinder

Auf feur'gem Rosse kommt Bacchus daher,
Den Becher hoch in der Hand,
Sein Rößlein wird wild, sein Kopf ist ihm schwer,
Er verschüttet den Wein auf das Land.

Den Dichter erbarmet der Rebensaft,
In den Bügel er kühn sich stellt
Und trinkt mit dem Gotte Brüderschaft –
Nun geht's erst, als ging's aus der Welt!

Ei, sieh da, so einsam, Herr Komponist!
Steig' auf mit, 's ist schad' um die Schuh,
Du lös'st erst die Schwinge – und wo keine ist,
Da mach' uns die Flügel dazu!

Und was sie ersonnen nun, singen die drei,
»O weh!« ruft ein Sänger herauf,
»Ihr schreit ja die köstlichsten Noten entzwei!«
Und schwingt zu den dreien sich auf.

Nun setzt der Tonkünstler, skandiert der Poet,
Der Sänger gibt himmlischen Schall,
Es lächelt Herr Bacchus: »Wahrhaftig, das geht,
Und 's Trinken verstehen sie all'.«

Und wie sie nun alle beisammen sind,
Hebt's sachte die seligen Leut',
Es wachsen dem Rosse zwei Schwingen geschwind
Und überfliegen die Zeit.

II

Die Stöcke hängen vollgepackt mit Frucht.
Geruch von Reben
Ist über Hügelwege ausgeschüttet.
Bütten stauen sich auf Wagen.
Man sieht die Erntenden, wie sie
die Tücher vor der braunen Spätjahrsonne
übern Kopf geschlagen,
Sich niederbücken und die Körbe
an die strotzendgoldnen Euter heben.

Das Städtchen ist geschäftig.
Scharen reihenweis gestellter,
Beteerter Fässer harren schon,
die neue Last zu fassen.
Bald klingt Gestampfe
festlich über alle Gassen.
Bald trieft und schwillt
von gelbem Safte jede Kelter.
Ernst Stadler: Weinlese

Barthold Heinrich Brockes

Die Wein-Rebe

Die Sonne stund schon in der güld'nen Wage,
Als ich, an einem heitern Tage,
In einen Saal, der Süd-wärts lage, trat,
Den, weil ihm manches Reben-Blatt
Die klaren Fenster gantz verhüllte,
Ein grüner Schatten gantz erfüllte.

Es schmeichelte das halb gebroch'ne Licht,
Durch das begrünte Laub gefärbt, mir das Gesicht,
So daß ich mich vergnügt ans Fenster setzte,
Am schönen Sonnen-Schirm des Wein-Stocks mich ergetzte,
Durch seinen Schmuck gerührt, die Sinnen aufwärts triebe,
Und, zu des Schöpfers Ruhm, Sein schön Geschöpf beschriebe.

Man kann auf Erden nichts so schön,
Als zartes Laub in solcher Stellung, sehn,
Da nemlich Licht und Tag durch sein Gewebe scheint,
Und mit dem Grünen sich ein güld'ner Strahl vereint,
Wodurch man alle Pracht, die in den Blättern stecket,
In der Durchsichtigkeit am deutlichsten entdecket.

Wie wann des Nachts ein Licht
Durch ein mit Oel getränckt Papier, das bunt bemalet,
Mit schön gefärbtem Glantz und buntem Schimmer strahlet;
So strahl't, so drenget sich und bricht
Der hellen Sonnen Strahl, bey heiterm Wetter,
Durch die so schön geformt- als schön gefärbten Blätter.
Viel tausend Aederchen, die sonsten nicht zu sehn,
Wodurch die Nahrungs-Säfte fliessen,
Sieht man sodann in schönster Ordnung stehn.

Es scheint, als ob ein jedes Blatt
Die Bildung eines Baumes hat.
Der Stengel ist der Stamm; Aus diesem Stamm' entspriessen
Fünf Haupt-Zweig', und aus diesen Zweigen,
An deren jedem sich fünf Neben-Aeste zeigen,
Entsteht ein Blätter-Heer, die darin bloß allein
Von denen unterschieden seyn,
Womit sonst and're Bäume prangen,
Daß and're Blätter frey, da die zusammen hangen.
Je mehr man sie besieht, je mehr man sie betracht't,
Je mehr vermehret sich die Lust in ihrer Pracht.
Zumahl an einigen, die aus der Maassen schön,
Vermocht' mein Auge sich nicht satt zu sehn,
Die gantz Zinnober-roth, wie reines Schnecken-Blut:
Ja wie ein funckelnder Rubin,
Da jedes von der Sonnen-Gluht,
Die durch sie strahlt', ein funckelnd Licht erhielte:

Und weil der Adern helles Grün
Smaragden-gleich, bey dieser Röthe, spielte;
Sah ich in jedem Blatt sich von zween Edelsteinen
Die Farben und den Glantz vereinen.
Ja der so schönen Farben Band
War gleichsam eingefasst in einem güld'nen Rand',
In dem verschied'ner äuss're Grentzen
In einer gelben Farbe gläntzen.

Aria.

Ihr lieblichen Kinder der flammenden Sonne,
  Ihr gläntzenden Farben, erreget in mir
    Ergetzende Triebe,
    Vergnügende Wonne,
  Und diese begeistern die rege Begier.
Dann wünsch' ich von Hertzen, in flammender Liebe,

In grünender Hoffnung, im Golde der Freuden,
Dem Schöpfer zur Ehre, die Seele zu kleiden.

Nachhero fielen mir, durchs Auge, die Gedancken,
Nebst den so reich-belaubten Rancken,
Auch auf der kleinen Häcklein Menge,
Die oft, den Gabeln gleich, und oft, wie kleine Schlangen,
Mit holden Circkelchen sich an die Reben hangen,
Sich um die Zweig' und Stengel schlingen,
Wodurch der Wein-Stock selbst sich in die Höhe schwingen,
Und, weniger verwirrt, die Frucht zur Reife bringen,
Auch sie der Sonne nähern kann.
Ich sahe dieß, und sah's mit Andacht an.

Aria.

Wenn ich die Rebe sehe,
Wie sie sich in die Höhe
Durch selbst-gezeugte Häcklein schwingt;
So wünsch' ich, daß es meiner Seele
Auch nicht an solchem Werckzeug fehle,
Damit sie allgemach sich von der Erd' entferne,
Und, durch's Geschöpfe, sich zum Schöpfer heben lerne.

Was soll ich von der Frucht, des Herbstes Kron' und Ehre,
Selbst von der röthlich-braun- und blauen Traube, sprechen?
Der Sonnen-Strahlen Glantz, die durch jedwede Beere,
So Hyacinthen gleich, mit hellem Schimmer brechen,
Entdeckten mir
So gar der Trauben inn're Zier,
Die Kerne, die wir sonst nicht leicht entdecken können.

Die gantze Traube war
Durchsichtig und so klar,
Wie ein Rubin-Balas; es schien

Ein kleines rothes Licht in jeder Beer' zu brennen.
Man sah das saft'ge Fleisch, so weißlich-grün,
In einer rothen Haut verhüllet,
Und beyde Theile gantz mit Adern angefüllet,
Die den vergnügenden und süssen Wunder-Saft,
Wovon die Freuden-reiche Kraft
Oft unsre trübe Sinne spüren,
In ihren zarten Röhren führen.
Durch diesen dreyfach-schönen Schein
Gerühret, fiel mir folgend's ein;

Aria.

Ihr zierlich-geründete Nectar-Behälter,
  Süß-säurliche Balsam-Frucht, trinckbare Kost,
Ihr strotzende Beeren, aus welchen die Kelter
  So Zungen- als Seelen-erquickenden Most,
Den schäumenden Tröster der Traurigen, pressen;
  Wer, was euch erfüllet und was euch bedeckt,
  Mit menschlichen Sinnen erblicket und schmeckt,
Wie kann der des herrlichen Schöpfers vergessen?

Wann auf der aufgequoll'nen Ründe
Der süssen Beer' in ihrem Thau
Ich ein gefärbtes Nichts, ein gleichsam-geistig Blau
Und unfühlbare Farben finde;
So scheinet mir ihr schön- doch unbeständ'ger Schein
Der ird'schen Schönheit Bild zu seyn.

Arioso.

  Irdische Vollkommenheit
  Wechselt, ändert sich und schwindet.
Wer drauf achtet, der befindet
Ueberall Vergänglichkeit.

Dennoch wer nach Freude strebt,
Die beständig; der erwähle
Irdische Vollkommenheit.
Denn so wie ein' ew'ge Seele
Auch in morschen Cörpern lebt;
So ist ew'ge Herrlichkeit
Ueberall auch hier zu finden,
Wenn wir nemlich in den Wercken,
Und derselben Wunder-Pracht,
Dessen Hand, der sie gemacht,
Mit vergnügter Ehrfurcht mercken,
Und, da alle Dinge schön,
Im Geschöpf den Schöpfer sehn.

Auf mancher Beere nun, worauf kein Duft zu sehn,
Gläntzt auf der glatten Ründ' ein weisser Schein,
Worin, wiewohl unglaublich klein,
Die Bilder jedes Ding's im Wiederschein entstehn.
Ja beym Gesichts-Kreis selbst stellt oft in schönster Zier,
Durch Felder, Wälder, Thal und Hügel,
Des kleinen Scheines kleiner Spiegel,
Der selber kaum zu sehn, die schönste Landschaft für.

Aria.

Welch ein Wunder, daß die Augen
Dieses zu betrachten taugen,
   Solche Gröss' im Kleinen sehn!
   Mensch, hier must du weiter gehn,
Mit dem Schöpfer dich vereinen,
Und Den, im unendlich Kleinen,
   Der unendlich-groß, erhöhn.

Von der, auf tausend Art, verdrehten Blätter Menge,
Die sich mit lieblichem Gedränge

So angenehm verwirren und verschränckten
Erblickt' ich unverhofft auf Pfost- und Fenster-Bäncken,
Ja an den Scheiben selbst ein schertzend Schatten-Bild.
Sie waren nemlich gantz
Mit lieblich-schwartzem Laub' erfüllt,
Indem der Sonnen güld'ner Glantz,
Durch's wahre Laub gehemmet, auf sie strahlte,
Und eben dadurch die Figur
Der ihn verhindernden gezackten Blätter malte,
So künstlich, daß kein Künstler der Natur,
Im Laub- und Blätter-Werck, so zierlich folgen kann.
Man sah die Fenster-Bänck' und Pfosten so gezieret,
Und fast nicht anders an,
Als wären sie mit Gold und schwartz lackiret,
So zierlich war durch Schwartz das Schatten-Laub gebildet.

Es schienen durch den Strahl die Oeffnungen vergüldet,
Ja das gevierte Fenster-Bley
Formirt' hierauf manch' klein-gevierte Schilderey.
Des klaren Glases glatter Schein
Schien einem Firniß gleich zu seyn.

Ein Vorhang, welcher sonst einfärbig grün,
Ließ durch dieß Schatten-Spiel mit Laub bewirckt, und schien
Geblühmt wie ein Damast: Kurtz, alles dieß zusammen,
Form, Farben, Schatten, Licht, Veränderung und Glantz
Vergnügten meine Seel', entzückten mich fast gantz,
Und fachten in mir an geweihter Andacht Flammen.

Aria.

Das alles auf unserem irdischen Kreise
  Vom Göttlichen Finger so herrlich geziert;
So lerne, mein Hertze, dem Schöpfer zum Preise,
Auf welche vergnügliche liebliche Weise
  Auch irdische Schönheit zur himmlischen führt!

Georg Philipp Harsdörffer

Von dem Weinmonat

1
Jauchtzet/ ihr Wintzer! alle zugleich/
unsere Trauben werden nun weich;
kommet/ empfahet mit Freuden den Lohn/
welchen die Arbeit bringet darvon:
Reiffende Reben schencken uns ein/
heissen/ die trauren/ frölicher seyn/
füllend die leeren Keller mit Wein.

2
Noe legt erstlich saftige Feser/
lehrte die Häcker/ warbe die Leser/
schniedte deß Rebens Blätter vom Stamm/
bande sie an die Pfäle zusamm/
presste der Kelter lieblichen Saft/
welcher den Hertzen giebet die Krafft/
Sorgen und Kummer ferne wegschafft.

3
Lobet und liebt den herrlichen Most/
welcher versüsst die niedliche Kost;
ehret der Thäler edele Frucht/
welche man zu den Kelleren sucht!
Aber doch haltet im Trincken das Ziel/
weilen deß Weins zu wenig und viel
leichtlich verderbt das lustigste Spiel.

4
Weinen ist unser Leben ohn Wein/
einsam und ohne Freunde zu sein;
Trincken verbindet menschlichen Sinn/
nimmet Verdacht und argen Wahn hin:
Freunde sind gleich dem freudigen Mahl/
welche man kieset in mehrerer Zahl/
mittels des Weins/ mit offener Wahl.

5
Schauet! Die Sonne den Scorpion trifft/
(sothanes Thier verletzet durch Gifft);
hüte dich vor der Trunckenheit Lust/
welcher die Reue stetig bewust:
gleichet der krumme Rebe der Schlang/
glänzet im Glase/ schwächet den Gang/
machet dem Säuffer schmertzlichsten bang.

6
Jauchtzet/ ihr Liebsten! alle zugleich/
Trincken macht oft die Ärmesten reich;
Trincken beschwert das ruhige Hertz/
bringet mit sich der Kranckheiten Schmertz.
Jeder ist edel/ voller Verstand/
jeder rühmt seine Güter im Land/
weilen ihn hält der Trunckenheit Band.

7
Brauchet nun recht und mässig den Tranck;
saget dem Höchsten hertziglich Danck!
Lobet ihn für die treffliche Gab,
lobet Gott in der sicheren Haab!
welcher uns giebet freudigen Muth/
speiset uns mit der Kelterpreß Blut;
lobet Gott/ der alls Gutes uns tut.

Sophie von La Roche

Wein und Winzer

Brüder! pflükt die kleinen Trauben
Munter ab in diesen Lauben,
Heut zum erstenmal.
Sehet, wie in allen Gängen
Roth und weisse Beere hängen,
Schön, und ohne Zahl.

Weit von uns entfernet leben
Leute bey den grossen Reben,
Nah bey Sonnenglut –
Müssen Erd auf Berge tragen,
Stöck anbinden, Pfähl einschlagen,
Haben's gar nicht gut.

Man sagt auch, der Winzer müsse
Frost und Hagel, Regengüsse,
Fürchten, wie der Baur.
Würmer tödten ihre Reben,
Und sie sollen Zehend geben
Troz dem Reif und Schaur. –

Haben öfters Wein im Keller,
Aber bey dem Käse-Teller,
Keinen Bissen Brod –
Müssen Geld und Korn sich borgen,
Und des Rükbezahlens Sorgen
Mehren ihre Noth.

Brüder! liebet Feld und Wiesen!
Könnt' ich heut ein Loos mir kiesen,

Ich blieb Ackersmann.
Denn auf unsern Waizenfluren
Seh ich meines Fleisses Spuren
Mit Vergnügen an.

Lasset bey Johannisbeeren
Euch der Winzer Arbeit lehren.
Jeder Mensch hat Müh.
Herren, Könige und Fürsten
Müssen hungern, müssen dürsten,
Sterben müssen sie.

Wenig Bauren ist gegeben,
Unter Wahrens Stamm zu leben
Glüklich, wie wir sind.
Zeiget Redlichkeit und Treue,
Dank und Seegen auf das neue –
Alte, Jung und Kind. –

Gottfried Keller

Die Winzerin

Am sonnig edlen Gartenhaus,
Da reifet Traub an Traube,
Die sanfte Schöne tritt heraus,
Prüft sinnend ihre Laube;
Dem blauen Blick der Schönen gleicht
Der Beeren dunkle Menge,
Wohin ihr freundlich Auge reicht,
Lacht freundliches Gedränge.

Rings lockt der Trauben stille Glut
Zu Häupten und zu Füßen,
Und sie beginnt mit stillem Mut
Zu schneiden all die süßen;
Und wie sie mit der lieben Hand
Die goldnen Blätter teilet,
Im Fluge über See und Land
Schweift hin der Blick und weilet.

Wie eine reife Beere glänzt
Ihr feuchtes Aug hinüber,
Wo's blaut und leuchtet unbegrenzt
So fern, so fern herüber;
Sie lässet still und ahnungsvoll
Die schweren Trauben sinken,
Bis es in Körben reizend schwoll
Mit tausendfachem Blinken.

Sie wandelt hin und wandelt her
Geschäftig durch den Garten,
Bis all die Körbe, früchteschwer,

Gereiht der Kelter warten.
Die Kelter ist gar reich gebaut,
Recht für der Schönen Hände;
Von Silber man die Spindel schaut,
Von Rosenholz die Wände.

Sie steht auf einem Marmortisch.
Die Winzerin beginnet,
Daß aus der Kelter süß und frisch
Das Blut der Traube rinnet;
Wie reg der weißen Arme Zier
Mit holder Kraft sich mühet!
Sie keltert, bis die Wange ihr
In dunklem Purpur glühet.

Sie keltert, daß der Busen fliegt
Und woget ungemessen,
Umsonst – was ihr im Sinne liegt,
Das kann sie nicht vergessen!
Umsonst – und wie die Krüge sie
Mit edlem Moste füllet:
Sie selber hat den Durst noch nie,
Das Sehnen nie gestillet.

Sie läßt den süßen Feuersaft
Verschlossen in sich gären,
In kühler Nacht zu milder Kraft,
Zum seltnen Wein verjähren;
Den trägt sie zu den Hütten hin
Wohl auf und ab im Tale,
Sie reicht der armen Wöchnerin,
Dem kranken Greis die Schale.

So keltert sie den Edelwein
Im Herbst seit manchen Jahren.

Ein Segel kommt im goldnen Schein
Des Abends fern gefahren,
Ein Schifflein legt im Hafen an,
Sie hört die Schiffer singen,
Und einen hochgemuten Mann
Sieht sie ans Ufer springen.

Sie kennt ihn und sie kennt ihn nicht,
Sie starrt hinaus ins Weite,
Als es mit trauter Stimme spricht
Und grüßt schon ihr zur Seite.
Die holden Klänge mischen sich,
Das Wort hier, dort die Lieder:
»Ratlos verließ der Knabe dich,
Ein Mann kehrt dir nun wieder!

O schau, wie leuchtet's weit und breit,
Wie klar der Tag, die Stunde!
Und reif die schönste Weiblichkeit
Küßt mich von deinem Munde!«
Da ist in seine Arme hin
Sie wonnevoll gesunken,
Und weinend hat die Winzerin
Zum ersten Mal getrunken.

Johann Peter Uz

Die Weinlese

Willkommen, Weinles, unsre Freude!
Sey ewig unser grosses Fest!
Wir jauchzen nach so langem Leide,
Weil Bacchus uns nicht gar verläst!
Du schenkst uns nun das Mark der Reben,
Den Greis und Jüngling zu erfreun.
Ja, ja! nun mag ich wieder leben:
Denn was ist Leben ohne Wein?

Der Erdkreis drohte zu vergehen:
Denn, ach! die Rebe stund betrübt.
Nun fließt ihr Necktar auf den Höhen,
Der allem neues Leben giebt.
Erfrorne Dichter, singt nun wieder!
Will keine Muse günstig seyn?
Lyäus lehret beßre Lieder:
Nichts macht so sinnreich, als der Wein.

Verschmachtend warf die matte Liebe
Den schlaffen Bogen in den Sand.
O Schade, wann sie frostig bliebe!
Du, Bacchus! giebst ihr neuen Brand.
Du hilfst ihr deine Freunde krönen:
Beqvem ist, deren Gattin seyn.
Sie küssen immer treue Schönen;
So überredend ist ihr Wein!

Ismenen quält ein träger Gatte,
Der lange Nächte schlafen kann.
Weil Amor nicht geholfen hatte,

So ruft sie Vater Bacchum an.
Der Alte zecht, wird los und herzet,
Und schläft erst spät und küssend ein.
Daß der mit halber Jugend scherzet;
O Wunder! thut es nicht der Wein?

Ja, Wein kann alles möglich machen:
Dir, Wein, sey dieser Tag geweiht!
Es herrsche Scherz, Gesang und Lachen;
Man zech' aus frommer Dankbarkeit.
Was fehlt? Ihr Freunde, nur noch eines:
Den frohen Amor ladet ein.
Denn Amor ist ein Freund des Weines,
Und ohne Küsse schmeckt kein Wein.

August Heinrich Hoffmann von Fallersleben

Zur Weinlese

1.
Wir sah'n die Reben blühen
Im milden Frühlingshauch,
Und sah'n für uns're Mühen
Erblüh'n die Hoffnung auch.
Die Trauben sind gediehen,
Sind würzig süß und klar.
Laßt uns zur Lese ziehen!
Was wir gehofft, ward wahr.

Der Sommer that das Seine,
Der Herbst hat es vollbracht,
Mit warmem Sonnenscheine
Und kühlem Thau der Nacht.
Die Trauben sind gediehen,
Sind würzig, süß und klar.
Laßt uns zur Lese ziehen!
Was wir gehofft, ward wahr.

O Blick voll Wohlbehagen!
Wenn Beer' an Beere glänzt,
Wenn wir zur Kelter tragen,
Was Freuden uns kredenzt.
Die Trauben sind gediehen,
Sind würzig, süß und klar.
Laßt uns zur Lese ziehen!
Was wir gehofft, ward wahr.

2.

Heute Jubel! heute Lust!
  Juchheidi! juchheida!
Sang und Klang aus voller Brust!
  Juchheidi! heida!
Freud' und Leben dort und hier!
Heute, heute herbsten wir!
  Juchheidi, heidi, heida!

Unsre Reben rings umher
  Juchheidi! juchheida!
Sind von reifen Trauben schwer.
  Juchheidi! heida!
Heuer giebt es guten Wein,
Heuer kann man fröhlich sein.
  Juchheidi, heidi, heida!

Jung und Alt, nun frisch heran!
  Juchheidi! juchheida!
Heute fängt das Lesen an.
  Juchheidi! heida!
In den Bergen hier und dort
Hall' es fort und immer fort:
  Juchheidi, heidi, heida!

3.

Knaben.

Wie fröhlich wir sind,
Juchheißa juchhei!
Die Lese beginnt,
Wir sind mit dabei.

Mädchen.

Wir sollten lesen wie Winzerinnen,
Doch ehe wir kaum zu lesen beginnen,
Wird über dem Essen
Das Lesen vergessen.
Der Traube duftige Süßigkeit
Verlockt uns zum Kosten allezeit.

Knaben.

Wir machen es besser: wir lausen umher
Und suchen uns Trauben nach unserm Begehr.

Einer.

Habt Ihr an Schwärmer wohl gedacht
Und auch Raketen mitgebracht?

Ein Anderer.

Raketen und Schwärmer nachher,
Wann der Abend beginnt!
Erst holet die Dornen her!
Geschwind, geschwind!
Wir wollen ein Feuer machen,
Das soll leuchten, dampfen und krachen!

Alle.

Dann springen wir Alle zusammen,
Dann springen wir über die Flammen!
Juchhe!

Einige Knaben.

Wir wollen uns redlich plagen und müh'n!
Wenn die Schwärmer goldene Funken sprüh'n,

Die Raketenkugeln farbig erglüh'n,
Dann gehen wir erst nach Haus.

Doch ist das Vergnügen nicht aus:
Es wartet unser ein Schmaus,
Kastanien und junger Most,
O herrliche Winzerkost!

Mädchen.

Dann wollen wir einen Tanz beginnen,
Wir wollen dann auch fröhlich sein.
Ihr aber dürft Euch nicht lange besinnen,
Sonst sehet zu, wie wir tanzen allein.

Knaben.

Wir tanzen mit Euch und springen,
Wir spielen mit Euch und singen,
Bis der Vater gebeut:
Genug für heut!

4.
Der Wein, der ist gerathen heuer,
Nun ist die Freude gar nicht theuer.
Leicht freut sich jetzo Jung und Alt,
Und jubelt, daß es wiederhallt.

O duftigsüßes Rebenblut,
Wie schmeckst du schon so wundergut!
Was wirst du uns dereinst doch sein,
Wenn du geworden bist zu Wein!

Wohl hat's der Herbst gar gut gemacht,
Drum sei ihm tausend Dank gebracht.

Louise Otto

Korn und Wein

I. Blütezeit

Nun blüht das Korn, nun blüht der Wein,
All um ein lieblich Düften,
Man atmet lauter Segen ein
In linden Abendlüften.

Noch blüht das Korn, noch reift es nicht,
Will selbst sich duftend weihen,
Durchglüht vom warmen Sonnenlicht
Den Segen prophezeien.

Wir bitten all um täglich Brot –
Doch doppelt ist's gesegnet,
Wenn uns im Juni-Abendrot
Der Aehren Duft begegnet

Wir trinken ihn mit Wonne ein:
Der blüh'nden Aehren Küssen
Soll unserm Leben heilsam sein –
So will im Volk man wissen.

O Volkesglaube rein und gut!
Nur der ist reich zu nennen,
Dem Blüten geben Hoffnungsmut,
Eh' noch die Frucht zu kennen.

Auch an der *Rebe* zart und dicht
Hervor die Träubchen sprießen
Und golden sich im Sonnenlicht
Die Blüten schon erschließen.

Sei mir gegrüßt du Aehrenfeld,
Mit deinen leisen Wogen,
Samt deiner blauen Blumenwelt,
Die sich hinein verflogen,

Ein Duft, berauschend süßer Art
Durchzieht die Rebengänge,
Des Sommers nahe Gegenwart
Fügt sich zum Lenzgepränge.

O schöne Zeit! es blüht der Wein
Beim Sang der Nachtigallen,
Und wenn im gold'nen Sonnenschein
Die Lerchenlieder schallen.

Und *daher* stammt die Liederlust
Wenn später im Pokale
Der Wein erfreut der Menschen Brust,
Belebt mit einem Male.

Und grüßt dann die Erinnerung
An Zeiten, da er blühte,
So schafft sie die Begeisterung,
Die nur für Höchstes glühte.

So mag des rechten Lebens Born
Denn in uns übergehen:
Drum sei gesegnet Wein und Korn,
Wenn wir Dich blühen sehen.

II. Erntetage

Verblüht ist längst so Korn als Wein!
Der Aehren golden Glänzen
Lädt schon der Schnitter Scharen ein
Zu frohen Erntetänzen.

Zur Arbeit, wie zur Freude ruft
Der Sommer allerwegen,
Und Vogelsang und Blumenduft
Verschönen seinen Segen.

Bald aber streift ein kühler Wind
Ob leeren Stoppelfeldern,
Die Vöglein still geworden sind
In Büschen und in Wäldern.

Die *Traube* nur noch glüht und schwillt
Langsam im Rebengarten,
Es läßt des Herbstes schönstes Bild
Gern lange sich erwarten.

Wer möchte tadeln sie darum?
Ist erst auch sie genommen,
Dann wird es einsam um und um,
Dann droht des Winters Kommen.

Dann sind die Vöglein all' verjagt,
Die Schwalben fortgeflogen,
Des Laubes Fallen traurig klagt,
Von Rot und Gold durchzogen.

Drum segnen wir die letzte Frucht
Als köstlichste von allen,
Von sonn'ger Höhe bis zur Schlucht
Ihr Dankeslieder schallen.

Ob's »Herbsten« heißt im Volkesmund,
Ob »es wird Wein gelesen«,
Es thut sich allwärts jauchzend kund
Ein frisch und fröhlich Wesen.

Und weithin durch die Lüfte dröhnt's
Aus Flinten und aus Böllern.
Anwortend glänzend noch verschönt's
Buntfeuer von den Söllern.

Das ist die letzte Erntezeit –
Wenn Trauben Most geworden:
Dann hängt der *Herbst* sein buntes Kleid
Still an des *Winters* Pforten.

Doch Scheuern, Keller heimsten ein
Des Sommers höchste Gaben:
So sei gesegnet Korn und Wein,
Wenn wir geerntet haben.

Gesegnet sei in Blüt' und Frucht
Vor allen Gottesgaben!
Mag nun des Winters Sturm und Wucht
Das letzte Blatt begraben.

Gab uns der Sommer doch genug
Sein Scheiden zu ertragen;
Erinnerung und Geistesflug
Verscheuchen alle Klagen.

Ludwig Uhland

Wein und Brot

Solche Düfte sind mein Leben,
Die verscheuchen all mein Leid:
Blühen auf dem Berg die Reben,
Blüht im Tale das Getreid.

Donnern werden bald die Tennen,
Bald die Mühlen rauschend gehn,
Und wenn die sich müde rennen,
Werden sich die Keltern drehn.

Gute Wirtin vieler Zecher!
So gefällt mir's, flink und frisch;
Kommst du mit dem Wein im Becher,
Liegt das Brot schon auf dem Tisch.

Georg Trakl

Ein Winterabend

Wenn der Schnee ans Fenster fällt,
Lang die Abendglocke läutet,
Vielen ist der Tisch bereitet
Und das Haus ist wohlbestellt.

Mancher auf der Wanderschaft
Kommt ans Tor auf dunklen Pfaden.
Golden blüht der Baum der Gnaden
Aus der Erde kühlem Saft.

Wanderer tritt still herein;
Schmerz versteinerte die Schwelle.
Da erglänzt in reiner Helle
Auf dem Tische Brot und Wein.

III

Der Wein ist unser noch, wenn ihn das Faß beschließt;
Sein aber sind dann wir, wenn ihn der Mund genießt.

*

Willst du eine Lust dir kaufen? Kauf ein Faß voll guten Wein,
Bitte ein Anzahl Brüder: ach, was werden Narren seyn!
Friedrich von Logau

Drei Dinge gehören zu einem guten Feste:
gute Speisen, guter Wein und gute Freunde als Gäste.
Sprichwort

Maler Müller

Der Wirt und die Gäste

Wirt:

Nehmt den Wein, den ich euch reiche,
Meines guten Willens Zeuge,
Freunde, nehmet freundlich hin!
Wie ihn Gott und Reben gaben
Lieben Freuden geb' ich ihn.

Gäste:

Du, der Lust und Freud' entzündet,
Mit der Rebe Herzen bindet,
Evan, schütz' dies deutsche Blut.
Mehr ihm immer Durst und Freude,
Fröhlichkeit und jungen Mut.
Seht, der fromme Rebenzecher
Teilt mit uns den vollen Becher
Welch' ein ehrlich deutsches Blut!
Mehr' ihm immer Durst und Freude,
Fröhlichkeit und jungen Mut.

Erster Gast:

Sei du seines Weinbergs Hüter!
Gieße deine Schale nieder,
Daß ihm alle Ranken blühn,
Daß er tausend Fässer fülle
Segne, Vater Evan, ihn.

Zweiter Gast:

Schrecke mit des Panters Brüllen
Ferne von ihm Gram und Grillen,
Alles, was das Herze sticht.
Mehr' ihm seine Jugendkräfte
Und verschöne sein Gesicht.

Dritter Gast:

Leit' ihn einst in Charons Nachen
Unter Scherzen, unter Lachen –
Ohne Krankheit, ohne Pein,
Leite seinen sanften Schatten
In den goldnen Rebenhain.

Vierter Gast:

Dort, wo auf betauten Matten
Jene heilig frohen Schatten:
Hagedorn und Kleist nun gehn,
Wo die Denkmal' frommer Trinker
Ewig hell und glänzend stehn.

Alle:

Du, der Lust und Freud' entzündet,
Mit der Reben Herzen bindet,
Evan, schütze deutsches Blut,
Mehr' uns allen Durst und Freude
Fröhlichkeit und jungen Mut!

Wirt:

Dank Euch, fromme Rebenzecher!
Greifet nun zu eurem Becher
Jeder stoße, leere rein.
Zwanzig volle Humpen warten –
Bacchus heißt uns fleißig sein!

Johann Klaj

Bacchus in Gestalt deß Herbstes

Nun schencket frisch ein!
Ich bringe zur Tafel die bräunlichen Trauben/
die alle Betrübte der Trübsal berauben;
sie stärcken den Magen/
und schwächen die Taschen/
sie füllen den Kragen
und leeren die Flaschen.
Nun schencket frisch ein
den Reinischen Wein!
Was solte dem Menschen das flüchtige Leben/
wann selben nicht Früchte von Reben gegeben?
Die Gaben behagen/
gepresset in Kälter/
sie wenden das Klagen
und machen nicht älter.
Nun schencket frisch ein
den Moseler-Wein!

Georg Rodolf Weckherlin

Frölich zu leben

Wan ich mit guter geselschaft
frisch zechend an dem tisch gesessen,
macht mich der süße rebensaft
des leids und unmuts bald vergessen!
ich will stets springen an den danz,
gekrönet mit dem epheukranz.

Mein hirn, erhitzet durch ein glas,
vermeinet mehr reichtum zu haben,
dan Midas und Crösus besaß;
ja großer fürsten gunst und gaben,
dienst ämpter, glück und herrlichkeit
trit ich zu grund, als eitelkeit.

Wolan, bring her ein volle flasch,
die sorg aus meinem kopf zu jagen,
und daß ich lung und leber wasch;
was hilft es, sich selbs vil zu plagen?
ist es nicht daß, zu bet voll wein,
dan auf der erden tod zu sein.

Heinrich Christian Boie

Aufmunterung zum Trinken

Willst du der Klagen
Dich ganz entschlagen,
  Trink Wein mein Sohn!
Folgst du der Lehre,
Dann eilt, ich schwöre,
  Der Gram davon.

Beym vollen Becher
Verlacht der Zecher
  Die ganze Welt.
Dieß wirst du glauben,
Wann Saft der Trauben
  Dein Aug erhellt.

Wer wird den Schönen
Auch immer fröhnen
  Um einen Kuß?
Erst muß man leiden,
Dann folgen Freuden,
  Dann Ueberdruß.

Wir aber trinken,
Und Freuden winken
  Uns jeden Tag.
Der Unmut weichet
Und Ekel schleichet
  Uns nimmer nach.

Friedrich Rückert

Becher und Wein

Gebt Ohren meinem Spruche,
Vernehmt und trinket nur,
Ein Bruchstück aus dem Buche
Der Weisheit der Natur.

Es fiel ein Strahl der Sonne
Zugleich mit Adams Fall,
Verlustig seiner Wonne,
Und ward, erstarrt, Metall.

Es hing das Gold in Klüften,
Wohin das Licht nicht drang,
Und sehnte sich, den Lüften
Zu künden Glanz und Klang.

Da kam, um zu erlösen
Den Bruder aus der Nacht,
Gefahren mit Getösen
Der Bergmann in den Schacht.

Da ward die Starrheit milde,
Als in des Künstlers Hand
Ein glänzendes Gebilde,
Ein tönendes, entstand.

Es war ein leer' Gefäße
Und gab nur hohlen Klang;
Da fehlte der gemäße
Gehalt der Form nicht lang.

Denn als im Sonnenstrahle
Das Mark der Rebe schmolz,
Da ward die goldne Schale
Auf goldnen Inhalt stolz.

Der Becher gab ein Tönen,
Der Wein begeistert schwoll,
Empfindend, daß versöhnen
Des Lebens Streit er soll.

Es spiegelte der Himmel
Sich in der klaren Flut,
Und irdisches Gewimmel
Trank heitern Lebensmut.

Erhebt den Blick, ihr Zecher,
Und trinkt, dem Lichte hold,
Aus goldnem Sonnenbecher
Geschmolznes Sonnengold.

Achim von Arnim

Becherklang

Seit nun Gott die Welt durchschnitten
Mit der Allmacht sausend Schwert,
Liegt in Tag und Nacht inmitten,
Wer des Weines Becher leert:
  Tief und dunkel zieht der Becher,
  Licht und strahlend singt der Zecher,
  Schwingt den Huth und jubelnd singt,
  Daß der Becher schwirrend springt.

So soll Wein die Welt verbinden,
Die getrennt in Licht und Nacht,
Wie die Lichter mir verschwinden,
Scheinet licht, was ich gedacht,
  Daß nun alle mit mir singen,
  Muß mir Herz und Mund aufspringen,
  Ja des Paradieses Baum
  Hat in diesem Keller Raum.

Seht, es steigt aus mir hernieder
Lucifer, der lang verbannt,
Er und Bachus sind zwei Brüder,
Es erscheint ein neues Land
  Weingelaubt der Jünger Schaaren,
  Flammen in des Waldes Haaren
  Leuchten durch die Dämmerung
  Alle in erhabnen Schwung.

Panther, Löw' und blaue Schlangen
Liegen auf dem Rücken schon;
Faunenweibchen, ohne Bangen

Säugst du Tieger ohne Lohn?
  Können sie dich nicht mehr missen,
  Einen hab ich abgerissen,
  Der hing fest an deiner Brust,
  Nimm mein Söhnlein dran zur Lust.

Was erblick ich, die Gesellen
Halten Kronen rings für mich,
Wollt ihr euch wie Menschen stellen,
Oder bin ein Gott auch ich?
  Nun so kann ich euch beglücken,
  Kann erschaffen mit Entzücken,
  Heute schaff ich euch die Welt,
  Wie ein jeder sie bestellt.

Tanzet munter, tretet Leimen,
Tretet Rosenblätter drein,
Und ich will schon tüchtig reimen,
Feuchtet an den Stoff mit Wein,
  Laßt den Honig aus den Zellen,
  Seht wie schlägt der Wein nun Wellen,
  Macht den Kopf zur Töpferscheib,
  Menschen formt zum Zeitvertreib.

Lebe jeder, der's verlanget,
Sterbe, wer nicht leben mag,
Was der Brüder Herz erlanget
Und verlanget, jeder sag,
  Was der Wein jetzt offenbaret
  Sinkt in Nacht, wenn Tag uns klaret,
  Nur der Augenblick sei ganz
  Offner Herzen Flammenkranz.

Ich, der Becher geh im Kreise,
Tausend Geister send' ich euch,

Jeder bleib bei seiner Weise,
Bin ich doch für alle reich.
  Wie ein Meer ich kann euch fassen
  Und die Welt, sie liegt im Nassen,
  Jedem wird ein Schatz gezeigt,
  Der sein Haupt recht tief mir neigt.

Kommt, ihr meine lust'gen Böcke,
Auf die höchste Felsenspitz',
Pflanzt mir da die schönsten Stöcke,
Daß der Wein hochthronend sitz',
  Unter lichten Rebenlauben
  Stoßen Ziegen sich um Trauben,
  Mir zum Munde spritzt der Saft,
  Alle Welt ist voller Kraft.

Friedrich Rückert

Anmeldung in der Schenke

Der Ostwind kam ans Schenkethor,
Mit lautem Gruß zu pochen;
Da trat der alte Wirt hervor,
Den hat er angesprochen:

»Ich wünsche dir Glück zu dieser Zeit,
Herr Frühling ist angekommen,
Auf Flur und Anger weit und breit
Ist neues Leben entglommen.

Nun ist die Luft ein Balsamhauch,
Ein Moschusreh die Erde,
Unter Blumen am Blütenstrauch
Froh spielender Gebärde.

Von meinem Weh'n ist der Kamin
Der Tulpen angefachet,
Und Blicke wärmen sich am Karmin,
Der Rosenwangen entlachet.

Nimm meinen Rat in kluges Ohr,
Nun fege die alte Schenke,
Steck' einen grünen Busch ans Thor
Und rüste frisches Getränke.

Schon sah ich draußen im Sonnenschein
Schmachten die lechzende Liebe,
Sie kommt zu stürzen in deinen Wein,
Ihre entflammten Triebe.

Wehr' einen Trunk der Labung nicht
Jedem aufrichtigen Zecher;
Doch kommt ein Heuchler, ein kluger Wicht,
So decke zu die Becher.

Versauern würde sogleich der Wein,
Wenn sauere Blick' ihn träfen;
Und flöss' unlautere Weisheit darein,
So würde der Trank zu Hefen.

Leb' wohl! ich will nun meinen Herrn
Hafisen sogleich dir schicken,
Du wirst den Freund von selber gern
Mit deinem Besten erquicken.

Sich wagt, wo er in der Schenke zecht,
Kein Heuchling, kein Mönch, kein Frömmling;
Denn der Hafis ist schlecht und recht
Der alten Treu' Abkömmling.«

Ernst Moritz Arndt

Ad locum

Zapft die Tonnen, füllt die Gläser,
Heute laßt uns fröhlich sein!
Ach! bald säuseln grüne Gräser
Auch um unsern grauen Stein:
Unser Leben schwingt die Flügel,
Hinkend holt der Tod es ein,
Um der Gräber stille Hügel
Klingt kein Jubel, fließt kein Wein.

Sonn' und Sterne fliegen trunken
Durch des Himmels blaue Bahn,
Frohberauschet läuten Unken
Und begeistert singt der Schwan;
Wenn die Nektarflut der Tonne
In den blanken Becher fleußt,
Flieget über Mond und Sonne
Des entzückten Zechers Geist.

Evan, Heil dir! Sorgenbrecher!
Freudenbringer, Heil und Preis!
Du erlabst den matten Zecher,
Du entflammst des Alters Eis,
Rötest die gebleichten Wangen,
Stärkest das gebogne Knie
Und erschreckst des Grames Schlangen
Durch der Lieder Melodie.

Heil dir, Göttersohn der Traube!
Jubelt, Saiten! Becher, klingt,
Bis man mit dem Trauerlaube

Unsre Urnen still umschlingt.
Hier in Bacchus' Heiligtume
Herrsche das Gesetz der Lust!
Ach! es traur't der Jugend Blume
Bald verwelkt an unsrer Brust.

WILHELM MÜLLER

Geselligkeit

Ich bin nicht gern allein
Mit meinem Glase Wein.
Mag allein der Geizhals fasten
Neben dem gefüllten Kasten,
Mag der Dieb an dunkler Mauer
Einsam schleichen auf der Lauer.
Ich bin nicht gern allein
Mit meinem Glase Wein.

Ich bin nicht gern allein
Mit meinem Glase Wein.
Mag allein der tiefe Weise
Brüten, bis er wird zum Greise
So zu leben und zu lieben,
Wie's die Schule vorgeschrieben.
Ich bin nicht gern allein.
Mit meinem Glase Wein.

Ich bin nicht gern allein
Mit meinem Glase Wein.
Mag der Mönch in seiner Zelle
Einsam ringen mit der Hölle,
Die mit süßem Bratenrauche
Nachstellt seinem feisten Bauche.
Die Stunden thäten gehen.
Das Glas wär' schneller ausgeleert
Und öfter wieder umgekehrt.

Nun, Kronus, bleib' in deinem Gang!
Ich geh' nach meinen Sinnen,

Und lasse keine Stunde lang
Mein Glas feintröpfelnd rinnen.
Hinein, heraus mit einem Zug!
Zum Schleichen ist noch Zeit genug.

Johann Peter Hebel

Die Schlafkameraden

Eines Abends kam ein fremder Herr mit seinem Bedienten im Wirtshaus zu der »Goldenen Linden« in Brassenheim an und ließ sich bei dem Nachtessen beiderlei wohl schmecken, nämlich das Essen selbst und das köstliche Getränk. Denn der Lindenwirt hat Guten. Der Bediente aber an einem andern Tisch dachte: Ich will meinem Herrn keine Schande machen und trank wie im Zorn ein Glas und eine Bouteille nach der andern aus, sagend zu sich selbst: »Der Wirt soll nicht meinen, daß wir Knikker sind.« Nach dem Essen sagte der Herr zu dem Lindenwirt: »Herr Wirt, ich hab an Eurem Roten sozusagen eine gefährliche Entdeckung gemacht. Bringt mir noch eine Flasche voll in das Schlafstüblein.« Der Bediente hinter dem Rücken des Herrn winkte dem Wirt: »Mir auch eine!« Denn sein Herr ließ sich vieles von ihm gefallen, weil er auf Reisen auch sein Leibgardist war und immer mit ihm in der nämlichen Stube schlafen mußte, und je einmal, wenn er sich zuviel Freiheit herausnahm, war der Herr billig und dachte: Ich will nicht wunderlich sein. Es ist ja nicht das erstemal, daß er's tut. Also trank an seinem Tisch der Herr und las die Zeitung, und am andern Tisch dachte der Bediente: »Es ist ein harter Dienst, wenn man trinken muß, anstatt zu schlafen, zumal so starken.« Gleichwohl, als er dem Herrn die zweite Flasche holen mußte, nahm er für sich auch noch eine mit vom nämlichen. Der Herr fing endlich an, laut mit der Zeitung zu reden, und der Bediente nahm wie ein Echo zwischen der Türe und dem Fenster auch Anteil daran, aber wie? Der Herr las von dem großen Mammutsknochen, der gefunden wurde. Der Bediente, der eben das Glas zum Munde führte, lallte für sich: »Soll leben der Mahometsknochen.« Oder als der Herr von dem Seminaristen las aus dem Seminarium in Pavia, der mit Lebensgefahr eines Schriftgießers Kind aus den Flammen rettete, ergriff er das Glas, und »Bravo,« sagte er, »wackerer Seminarist!« Der Bediente aber stammelte für sich: »Soll leben der wackere Seeminister« und goß richtig das halbe Glas über die Liverei hinab. »Hast du's gehört, Anton? So eine Tat wiegt viele Meriten auf,« fuhr der Herr fort. – »Sollen auch leben die Minoriten,« erwiderte der Diener. Und so oft jener z.B. sich räusperte oder gähnte, räusperte sich und gähnte der Anton auch. Endlich sagte der Herr: »Anton, jetzt wollen wir ins Bett.« Der Anton sah seine Flasche an und erwiderte: »Es wird ohnehin niemand mehr auf sein in der Wirtschaft.« Denn seine Flasche war leer. Aber in der Flasche des Herrn war noch ein Restlein. Früh gegen zwei Uhr weckte es den Anton, daß noch ein Restlein in der Flasche des Herrn sei. Also stand er auf und trank es aus. »Sonst verriecht es,« dachte er. Als er aber sich wieder legen wollte, kam er ein wenig zu weit rechts an das Bett seines Herrn. Denn beide Betten standen an der nämlichen Wand mit den Fußstätten gegeneinander. Also legte sich der Anton neben seinen Herrn, mit dem Kopf unten und mit den Füßen oben, neben des Herrn Gesicht, weil er meinte, er liege wieder in seinem eigenen. Eine Stunde vor Tag aber, als der Herr erwachte, kam es ihm vor, er wußte selbst nicht recht, wie. »Soll ich denn gestern abend haben Backsteinkäs heraufkommen lassen?« dachte er. Als er aber sich umdrehen wollte, ob ein Schränklein in der Wand sei, fühlte er auf einmal neben sich etwas Lebendiges und Warmes, und das Warme und Lebendige bewegte sich auch. Jetzt rief er: »Anton, Anton!« mit ängstlicher und leiser Stimme, daß der unsichere Schlafkamerad nicht aufwachen sollte, und derjenige, den er wecken wollte, war doch der Schlafkamerad. »Anton,« schrie er endlich in der Herzensangst, so laut er konnte. »Was befehlen Ihro Hochwürden,« erwiderte endlich der Anton. – »Komm mir zu Hilfe! Es liegt einer neben mir.« – »Ich kann nicht, neben mir liegt auch einer,« erwiderte der Bediente und wollte sich strecken, so zwar, daß er mit dem linken Fuß unter des Herrn Kinn kam. »Anton, Anton,« rief der Herr, »meiner reißt mir den Kopf ab,« und suchte ebenfalls mit den Füßen eine

Habung. »Meiner will mir die Nase aufschlitzen,« schrie noch viel ärger der Anton. »Wirf deinen heraus,« schrie der Herr, »und komm mir zu Hilfe.« – Also faßte der Bediente seinen Mann an den Beinen, und dieser, als er Ernst sah, faßte er seinen Mann ebenfalls an den Beinen, und rangen also die beiden miteinander, daß keiner dem andern konnte zu Hilfe kommen. Und der Bediente fluchte wie ein Türk, der Herr aber fluchte zwar nicht, aber doch rief er die unsichtbaren Mächte an, sie sollten seinem Gegner den Hals brechen, was auch fast hätte geschehen können; denn auf einmal hörte unten der Wirt, der schon auf war, einen Fall, daß alle Fenster zitterten und der Perpendikel an der Wanduhr sich in die Ruhe stellte. Als er aber geschwind mit dem Licht und dem Hauptschlüssel hinaufgeeilt war, ob ein Unglück sich zugetragen habe, denn er kannte seinen Roten, lagen beide miteinander ringend auf dem Boden und schrien zetermordio um Hilfe. Da lächelte der Wirt in seiner Art, als ob er sagen wollte, der Rote hat gut gewirkt, über die gefährliche Entdeckung. Die beiden aber schauten einander mit Verwunderung und Staunen an. »Ich glaube gar, du bist es selbst, Anton,« sagte der Herr. – »So, seid nur Ihr es gewesen,« erwiderte der Diener, und legten sich wieder ein jeder in sein Bett, worein er gehörte.

Heinrich Leuthold

Mit Freunden

Freunde, lagert euch im Schatten
Dieser üppigen Platanen,
Windet um die heißen Schläfen
Grünen Efeu und Lianen!

Schenke, spend uns nun des Weines
Flüssig Gold im Überflusse!
Denn wir brauchen reiche Opfer
Zum Gedächtnis hoher Ahnen.

Diesen vollen Becher jenen,
Die im Reich der Kunst, des Geistes
An der Vorzeit kolossale
Mythische Giganten mahnen:

Goethe! Byron! die den kleinen
Geistern, die seither erstanden,
Wie die Sonne den Planeten
Vorgezeichnet ihre Bahnen.

Hier, wo sie gewandelt, laßt uns
Üben den Gesang und opfern,
Daß zur Dichterweih um unsre
Seelen schweben ihre Manen.

Doch auch wir sind Nachgeborne.
Was wir ziehn, ist spielend Laubwerk,
Das sich rankt um Riesenbauten
Jener mächtigen Titanen.

Friedrich Rückert

Die Quelle in der Wüste

Wenn ich eine Quelle wüßte,
Die von lautrem Weine flösse,
Zu ihr zög' ich in die Wüste,
Daß ich ungestört genösse.

Eine Hütte wollt' ich baun,
So daß über ihre Schwelle
Flösse aller Wein der Quelle,
Ringsum baut' ich einen Zaun.

Menschen sollten mir nicht kommen,
Mir den reinen Quell zu trüben,
Doch erlaubt' ich's, daß die frommen
Tiere zu mir her sich hüben.

Die Gaselle sollte springen,
Nachtigall den Gruß erwidern,
Wenn ich trunken wollte singen
Stellen aus Hafisens Liedern.

Nikolaus Lenau

Der einsame Trinker

1.
»Ach, wer möchte einsam trinken,
Ohne Rede, Rundgesang,
Ohne an die Brust zu sinken
Einem Freund im Wonnedrang?«

Ich; – die Freunde sind zu selten;
Ohne Denken trinkt das Tier,
Und ich lad aus andern Welten
Lieber meine Gäste mir.

Wenn im Wein Gedanken quellen,
Wühlt ihr mir den Schlamm empor,
Wie des Ganges heilge Wellen
Trübt ein Elefantenchor.

Dionys in Vaterarme
Mild den einzlen Mann empfing,
Der, gekränket von dem Schwarme,
Nach Eleusis opfern ging.

2.
Ich trinke hier allein,
Von Freund und Feinden ferne,
In stiller Nacht den Wein
Und meide selbst die Sterne:

Da fährt man gerne mit
In Blicken und Gedanken
Und könnt auf solchem Ritt
Das volle Glas verschwanken.

Der Kerzen heller Brand
Kommt besser mir zustatten,
Da kann ich an der Wand
Doch schauen meinen Schatten.

Mein Schatten! komm, stoß an,
Du wesenloser Zecher!
Auf, schwinge, mein Kumpan,
Den vollen Schattenbecher!

Seh ich den dürren Schein
In deinem Glase schweben,
Schmeckt besser mir der Wein
Und mein lebendig Leben;

So schlürfte der Hellen
Die Lust des Erdenpfades,
Sah er vorübergehn
Als Schatten sich im Hades.

3.
Schatten, du mein Sohn,
Hast dich nicht verändert,
Warst vor Jahren schon
Eben so gerändert.

Was auf Stirn und Wang
Zeit mir eingehauen:
Jugenduntergang
Lassest du nicht schauen.

Einen Berg ich sah
Spät im Herbste ragen,
Umriß war noch da
Wie zu Frühlings Tagen.

Nicht mit seinem Grat
Gibt der Berg zu wissen:
›Meine Wälder hat
Mir der Sturm zerrissen.

Meine Herde schied
Mit den Glockenklängen,
Still das Alpenlied
Auf den Wiesenhängen.‹

Hohen Angesichts
Blickt der Berg ins Ferne,
Nahm der Herbst doch nichts
Seinem Felsenkerne.

Froh ins ferne Land
Will wie er ich blicken;
Und mein fester Stand
Trotze den Geschicken.

Süßes Traubenblut
Fließt auf meiner Schanze;
Rebe, teures Gut!
Seelenvolle Pflanze!

Soll für Recht und Licht
Andres Blut einst fließen,
Minder freudig nicht
Will ich meins vergießen.

4.
Redlich, Schatten, kannst du heben
Den Pokal, mich lassen leben;
Wenn sie meinen Leib bestatten,
Bist du mitvergangen, Schatten!

Manches Auge möchte weinen;
Schatten, doch ich wüßte keinen
Auf dem weiten Erdenringe,
Der wie du mit mir verginge.

Weil dem Sünder ohne Reue
Soll gebrochen sein die Treue,
Lassen tiefempfundne Mären
Den Verbrecher dich entbehren.

Treuer Freund, sei mir gepriesen!
Hast mir Liebes oft erwiesen;
Will zu stolz das Herz mir glänzen,
Zeigst du still mir meine Grenzen.

Justinus Kerner

Trinklied zum neuen Weine

Laßt uns heut mit Geistern ringen;
Blickt der Alte noch so klar,
Bringet jetzt den Neuen dar,
Der dem Kerker will entspringen!

Hört sein unterirdisch Beben!
Aus der Nacht will er hinaus,
Mächtig dringt sein Geist durchs Haus,
Daß wir stehn von ihm umgeben.

Horcht! der weiß von Jugendwonne
Noch zu singen euch ein Lied:
Wie er hat in Duft geblüht,
Wie ihn hat durchglüht die Sonne;

Wie von hohen Bergen nieder
Frei er sah die Welt entlang,
Unter ihm der Flußgott sang,
Um ihn tönten Vogellieder;

Wie mit Sonn' und Stern' im Bunde
Mählich seine Traube schwoll,
Bis sie war des Saftes voll;
Der von Geistern nun gibt Kunde.

Füllet mutig bis zum Rande
Den Pokal mit seiner Glut!
Stoßet an! Dem Jugendblut
Heil im weiten deutschen Lande!

Ach! es liegt erstarrt, veraltet
Mancher Völker großes Herz,
Jugendwärme, Lust und Scherz
Sind in ihrer Brust erkaltet.

Laßt der Jugend warmes Leben
Strömen euch ins Herz hinein.
Trinkt in Lust den neuen Wein,
Den der neue Stern gegeben!

Otto Julius Bierbaum

Neuweinlied

Das hat Gott Vater gut gemacht,
Daß er zum Herbst den Wein gebracht,
Den weißen und den roten.
Die Welt wird alt, der Wein ist jung,
Herz bringt und Beine er in Schwung;
Wir tanzen ohne Noten.

Wir tanzen nach dem ältsten Takt,
Nach dem im Paradiese nackt
Die Beiden schon sich drehten,
Die unser Aller Eltern sind;
Wir tanzen zum Oktoberwind
Wie trunkene Propheten.

Daß ihr mir nicht dem Herbste glaubt,
Es sei nun alles abgelaubt,
Und alle Keime schliefen!
Seht unsern Kranz und unsern Tanz
Und unsrer Augen glühen Glanz:
Es wird was in den Tiefen!

Wie dieser junge Wein im Faß
Sich gährend regt ohn Unterlaß
Bis zu der klaren Stärke,
So braut in uns gesunder Sinn
Durch Winternis und Starre hin
Zu neuem Frühlingswerke.

Die Gläser alle an den Mund!
Glaubt nicht dem Herbst! Wir sind gesund

Und wollens auch beweisen:
Der Herrgott hoch! Hats gut gemacht,
Daß er zum Herbst den Wein gebracht,
Den roten und den weißen.

August Heinrich Hoffmann von Fallersleben

Stöpselzieher

Wenn es keine Flaschen gäbe,
Würden keine Stöpsel sein,
Und wie einst dem Zeus die Hebe
So kredenzt' ich dir den Wein.

Aber leider wird gezogen
Jetzt auf Flaschen nur der Wein
Und wie einen Demagogen
Sperret man den Edlen ein.

Und ein Stöpsel hält die Wache
Wie ein Scherge Tag und Nacht,
Und er sitzt ihm auf dem Dache,
Daß er sich nicht mausig macht.

Doch dein Rächer ist vorhanden,
Nur Geduld, du edler Wein!
Und er wird aus deinen Banden
Dich zu rechter Zeit befrein.

Und wie heißt der brave Rächer,
Der den Wein befreien kann?
O ihr wisst es, frohe Zecher,
Stöpselzieher heißt der Mann.

Stöpselzieher! hoch erheben
Lasst uns ihn bei Sang und Wein:
Alle, alle sollen leben,
Stöpselzieher groß und klein!

Und ein jeder Hauswirth denke
Heuer und zu jeder Frist,
Daß kein ordentlich Getränke
Ohne Stöpselzieher ist.

IV

Der dich erstlich nannte Rhein,
Wollte, glaub ich, sprechen Wein.
Der dich erstlich nannte Rhenus,
Wollte, glaub ich, sprechen Venus.
Was die Venus im Latein
Ist uns, Rhenus, deutsch dein Wein.

*

Reimet sich gleich Wein und Rhein,
Reimt sich Wasser nicht mit Wein.
Friedrich von Logau

Rheinweinlied

Bekränzt mit Laub den lieben vollen Becher,
  Und trinkt ihn fröhlich leer.
In ganz Europia, Ihr Herren Zecher!
  Ist solch ein Wein nicht mehr.

Er kommt nicht her aus Hungarn noch aus Polen,
  Noch wo man franzmännsch spricht;
Da mag Sankt Veit, der Ritter, Wein sich holen,
  Wir holen ihn da nicht.

Ihn bringt das Vaterland aus seiner Fülle;
  Wie wär er sonst so gut!
Wie wär er sonst so edel, wäre stille
  Und doch voll Kraft und Mut!

Er wächst nicht überall im deutschen Reiche;
  Und viele Berge, hört,
Sind, wie die weiland Kreter, faule Bäuche,
  Und nicht der Stelle wert.

Thüringens Berge zum Exempel bringen
  Gewächs sieht aus wie Wein;
Ist's aber nicht. Man kann dabei nicht singen,
  Dabei nicht fröhlich sein.

Im Erzgebirge dürft Ihr auch nicht suchen,
  Wenn Ihr Wein finden wollt.
Das bringt nur Silbererz und Koboldkuchen,
  Und etwas Lausegold.

Der Blocksberg ist der lange Herr Philister,
Er macht nur Wind wie der;
Drum tanzen auch der Kuckuck und sein Küster
Auf ihm die Kreuz und Quer.

Am Rhein, am Rhein, da wachsen unsre Reben;
Gesegnet sei der Rhein!
Da wachsen sie am Ufer hin, und geben
Uns diesen Labewein.

So trinkt ihn denn, und laßt uns allewege
Uns freun und fröhlich sein!
Und wüßten wir wo jemand traurig läge,
Wir gäben ihm den Wein.

Gotthold Ephraim Lessing

Die Beredsamkeit

Freunde, Wasser machet stumm:
Lernet dieses an den Fischen.
Doch beim Weine kehrt sichs um:
Dieses lernt an unsern Tischen.
Was für Redner sind wir nicht,
Wenn der Rheinwein aus uns spricht!
Wir ermahnen, streiten, lehren;
Keiner will den andern hören.

Friedrich Gottlieb Klopstock

Der Rheinwein

O du, der Traube Sohn, der im Golde blinkt,
Den Freund, sonst niemand, lad in die Kühlung ein.
  Wir drei sind unser wert, und jener
    Deutscheren Zeit, da du, edler Alter,

Noch ungekeltert, aber schon feuriger
Dem Rheine zuhingst, der dich mit auferzog,
  Und deiner heißen Berge Füße
    Sorgsam mit grünlicher Woge kühlte.

Jetzt, da dein Rücken bald ein Jahrhundert trägt,
Verdienest du es, daß man den hohen Geist
  In dir verstehen lern', und Catos
    Ernstere Tugend von dir entglühe.

Der Schule Lehrer kennet des Tiers um ihn,
Kennt aller Pflanzen Seele. Der Dichter weiß
  So viel nicht; aber seiner Rose
    Weibliche Seele, des Weines stärkre,

Den jene kränzt, der flötenden Nachtigall
Erfindungsvolle Seele, die seinen Wein
  Mit ihm besingt, die kennt er besser,
    Als der Erweis, der von Folgen triefet.

Rheinwein, von ihnen hast du die edelste,
Und bist es würdig, daß du des Deutschen Geist
  Nachahmst! bist glühend, nicht aufflammend,
    Taumellos, stark, und von leichtem Schaum leer.

Du duftest Balsam, wie mit der Abendluft
Der Würze Blume von dem Gestade dampft,
  Daß selbst der Krämer die Gerüche
    Atmender trinkt, und nur gleitend fortschifft.

Freund, laß die Hall' uns schließen; der Lebensduft
Verströmet sonst, und etwa ein kluger Mann
  Möcht' uns besuchen, breit sich setzen,
    Und von der Weisheit wohl gar mitsprechen.

Nun sind wir sicher. Engere Wissenschaft,
Den hellen Einfall, lehr uns des Alten Geist!
  Die Sorgen soll er nicht vertreiben!
    Hast du geweinte, geliebte Sorgen,

Laß mich mit dir sie sorgen. Ich weine mit,
Wenn dir ein Freund starb. Nenn ihn. So starb er mir!
  Das sprach er noch! nun kam das letzte,
    Letzte Verstummen! nun lag er tot da!

Von allem Kummer, welcher des Sterblichen
Kurzsichtig Leben nervenlos niederwirft,
  Wärst du, des Freundes Tod! der trübste;
    Wär sie nicht auch, die Geliebte, sterblich!

Doch wenn dich, Jüngling, andere Sorg entflammt,
Und dirs zu heiß wird, daß du der Barden Gang
  Im Haine noch nicht gingst, dein Name
    Noch unerhöht mit der großen Flut fleußt;

So red! In Weisheit wandelt sich Ehrbegier,
Wählt jene. Torheit ist es, ein kleines Ziel,
  Das würdigen, zum Ziel zu machen,
    Nach der unsterblichen Schelle laufen!

Noch viel Verdienst ist übrig. Auf, hab es nur;
Die Welt wirds kennen. Aber das edelste
Ist Tugend! Meisterwerke werden
Sicher unsterblich; die Tugend selten!

Allein sie soll auch Lohn der Unsterblichkeit
Entbehren können. Atme nun auf, und trink.
Wir reden viel noch, eh des Aufgangs
Kühlungen wehen, von großen Männern.

Ludwig Heinrich Christoph Hölty

Trinklied

Ein Leben, wie im Paradies,
Gewährt uns Vater Rhein.
Ich geb' es zu, ein Kuß ist süß;
Doch süßer ist der Wein.
Ich bin so fröhlich, wie ein Reh,
Das um die Quelle tanzt,
Wenn ich den lieben Schenktisch seh,
Und Gläser drauf gepflanzt.

Was kümmert mich die ganze Welt,
Wenn's liebe Gläslein winkt,
Und Traubensaft, der mir gefällt,
An meiner Lippe blinkt?
Dann trink' ich, wie ein Götterkind,
Die volle Flasche leer,
Daß Glut mir durch die Adern rinnt,
Und tauml', und fordre mehr.

Die Erde wär' ein Jammertal,
Voll Grillenfang und Gicht,
Wüchs' uns zur Lindrung unsrer Qual
Der edle Rheinwein nicht,
Er hebt den Bettler auf den Thron,
Schafft Erd' und Himmel um,
Und zaubert jeden Erdensohn
Stracks in's Elysium.

Er ist die wahre Panacaee,
Verjüngt des alten Blut,
Verscheuchet Hirn- und Magenweh,

Und was er weiter tut.
Drum lebe das gelobte Land,
Das uns den Wein erzog!
Der Winzer, der ihn pflanzt' und band
Der Winzer lebe hoch!

Und jeder schönen Winzerin,
Die uns die Trauben las,
Weih' ich als meiner Königin
Ein volles Deckelglas!
Es lebe jeder deutsche Mann,
Der seinen Rheinwein trinkt,
So lang er's Kelchglas halten kann,
Und dann zu Boden sinkt!

Georg Herwegh

Rheinweinlied

Wo solch ein Feuer noch gedeiht,
Und solch ein Wein noch Flammen speit,
Da lassen wir in Ewigkeit
Uns nimmermehr vertreiben.
Stoßt an! Stoßt an! Der Rhein,
Und wär's nur um den Wein,
Der Rhein soll deutsch verbleiben.

Herab die Büchsen von der Wand,
Die alten Schläger in die Hand,
Sobald der Feind dem welschen Land
Den Rhein will einverleiben!
Haut, Brüder, mutig drein!
Der alte Vater Rhein,
Der Rhein soll deutsch verbleiben.

Das Recht' und Link, das Link' und Recht',
Wie klingt es falsch, wie klingt es schlecht!
Kein Tropfen soll, ein feiger Knecht,
Des Franzmanns Mühle treiben.
Stoßt an! Stoßt an! Der Rhein,
Und wär's nur um den Wein,
Der Rhein soll deutsch verbleiben.

Der ist sein Rebenblut nicht wert,
Das deutsche Weib, den deutschen Herd,
Der nicht auch freudig schwingt sein Schwert,
Die Feinde aufzureiben.
Frisch in die Schlacht hinein!
Hinein für unsern Rhein!
Der Rhein soll deutsch verbleiben.

O edler Saft, o lauter Gold,
Du bist kein ekler Sklavensold!
Und wenn ihr Franken kommen wollt,
So laßt vorher euch schreiben:
Hurra! Hurra! Der Rhein,
Und wär's nur um den Wein,
Der Rhein soll deutsch verbleiben.

Gottfried Keller

Rheinwein

Aller Sonnenschein,
Der einen Sommer lang
Längs dem schönen Rhein
Sich um die Berge schlang,
Breitet heute aus dem Wein zumal
Seine Glorie durch den weiten Saal.

In dem Scheine steigt
Es auf wie Rebenhöhn;
Ob dem Zauber schweigt
Der Gläser hell Getön;
Und der selbstvergeßne Zecher lauscht,
Wie der Strom in seinen Ohren rauscht.

Und im Morgenschein,
Durch die Gestade hin,
Sieht den hellen Rhein
Er sich vorüberziehn,
Und ein Binsenkörblein trägt die Flut,
Drin das Moseskind der Deutschen ruht.

Scharf am Felsenriff
Bricht sich der Morgenwind:
O gebrechlich Schiff,
O du verlaßnes Kind!
Keine Königstochter badet heut,
Die dir schützend ihre Rechte beut!

Nur die Liebe wacht
Und folgt am Uferhang,

Und ihr Auge lacht
Auf dich die Fahrt entlang:
Liebe, die das Heldenkind gebar,
Die der Freiheit reine Mutter war.

Bis die Zeit entfloh,
Wo du einst wiederkehrst
Und den Pharao
Vor Gott erbeben lehrst,
Wirst ein starker, kluger Moses sein.
O wie lang noch fließt der grüne Rhein?

Wilhelm Müller

Oben ab!

Deutsche Weine in dem Keller,
Deutsche Lieder in der Brust!
Und die Sorgen und die Heller
Schwimmen fort im Strom der Lust.

Schwimmet nur in meinem Rheine!
Lauter brauset jeder Fluß,
Wenn er über harte Steine
Seine Wellen treiben muß.

Was im tiefen Grunde liege,
Macht mich heute noch nicht bang';
Denn ich habe zur Genüge
Nachzugießen Wein und Sang.

Auf den goldnen Spiegelflächen
Perlt der Freude frischer Schaum.
Lasset oben ab uns zechen!
Ohne Schaum kein schöner Traum.

Und wer in den Grund will schauen,
Sieht sein eigenes Gesicht:
Helle Stirne, glatte Brauen,
Nebelloses Augenlicht.

Wilhelm Müller

Doppeltes Vaterland

An der Elbe Strand
Liegt mein Vaterland,
Lieb's von ganzer Seele.
Aber meine Kehle
Ist zu Haus am Rhein,
Dürstet nur nach Wein.

Wem es Freude schafft,
Trinke Brüderschaft
Mit den kalten Fröschen!
Meinen Durst zu löschen
Hol' ich mir vom Rhein
Lebenswarmen Wein.

Spricht ein kluger Mund
Wein sei nicht gesund,
Ei, so trink' er keinen!
Doch mir will es scheinen
Der den Geist erfreut,
Thut dem Leib kein Leid.

Mancher Medikus
Trank sich aus dem Fluß
Flüsse in die Glieder.
Wein und frohe Lieder!
Heißt mein Rezipe
Wider jedes Weh.

Und muß einst es sein,
Sterb' ich doch an Wein

Lieber als an Pillen.
Vor dem letzten Willen
Leer' ich erst mein Faß
Bis auf's letzte Glas.

V

Kommt Wein vom weinen nicht, so kommt vom Weine weinen;
Das Saufen bringet Weh, das kann mir Niemand neinen.

*

Guter Wein verdirbt den Beutel, böser schadet sehr dem Magen;
Besser aber ist den Beutel, als den guten Magen plagen.
Friedrich von Logau

Das LXXIV. Ghasel

Schenke! bringe mir Wein, die Fasten ist vergangen,
Gieb mir immer das Glas, mein Ruf ist längst vergangen.

Hin ist köstliche Zeit, o komm', laß uns ersetzen
Zeit, die ohne den Wein, und ohne Glas vergangen.

Gleich der Aloe brennt, die Seele voll von Reue
Bring' mir Wein, denn es ist mein Leben leer vergangen.

Mach' mich trunken, daß ich von Sinnen selbst nicht wisse,
Wer in meinem Gehirn gekommen, wer gegangen.

In der Hoffnung, daß mir der Duft des Hefens werde,
Bin ich frühe und spät zu beten ausgegangen.

Das erstorbene Herz empfieng ein neues Leben,
Seit von deinem Geruch ein Hauch ihm zugegangen.

Stolz auf frommes Verdienst, verfehlt den Weg der Klausner,
Trunkene sind dafür ins Haus des Heils gegangen.

Meiner Seele Gewinn hab' ich auf Wein verwendet,
Schwarz befleckt ist mein Herz, Verbotnem nachgegangen.

Gieb Hafisen nicht Rath, den Weg hat nicht gefunden,
Wem's mit köstlichen Wein, nach seinem Wunsch gegangen.

Hans Jacob Christoffel von Grimmelshausen

Vom Wein

Dieweilen man gemeiniglich beym täntzlin auch ein Trüncklein thut / so will ich Wein herbringen / damit sich meine müthe Täntzer wieder laben und erquicken und zugleich Ihren Spielleuthen davon spendiren könten;

Dieser nun ist ein edle Gabe und eine Anzeigung der großen unaussprechlichen Güte des Allmächtigen GOttes / die Er uns so treulich aus geneigten vätterlichen Willen gnädiglich mitgetheilet / nicht allein zu Speiß und Tranck sondern auch einer köstlichen Artzney / das menschlich schwach und blöde Leben damit zustercken und uffzuhalten. Die *medici* sagen/ es werden von dem Wein alle Menschliche Kräfften gesterckt und erquickt / er verleihe ein schöne Farb / gebehre Edel Geblüth / trückne offne fliessende Schaden / zertheile Geschwulst in auffgeloffenen Gliedern / dämpffe die Kranckheit des unnatürlichen fräßigen Hungers / erquicke die natürliche Wärme / verdaue die Speißen / fürdere alle Uberflüßigkeiten / zum Stuhlgang / reinige die Natur / von allen bösen Dünsten / stercke das Hirn / erkläre die Augen / schärffe Sinn und Vernunfft / bringe den Schlaff und diene zu allen Kranckheiten und Gebresten des Leibs / die von kalter *materi* ihren Ursprung her haben;

So tauget auch der Wein nicht allein die Gesunde zuerhalten / die Matte zu kräfftigen / die Müde zuerquicken / die Durstige zuerlaben ja die gantz hinfällige gleichsamb halbtodte Menschen wider zuerfrischen und so zureden / wider gantz lebendig zumachen; sondern er macht auch die betrübte frölich / schwermütige leichtsinnig / die verzagte kühn / die arme reich / und die Knechte zu Herren; dann des armen Muth wird in eines Reichen Muth: deß Knechts aber in eines Herren Sinn verwandelt / also er seiner Dienstbarkeit: und des Elendes seines Standts vergist; da höret man beim Wein von lauter hohen Dingen *discuriren* und spüret nichts als hohe Gemüther / welche wohl nichts geringes *tractiren* / sondern solcher Sachen gedencken und vorbringen / die eitel hohen StandtsPersohnen Königen / Fürsten / dapfferen Helden und sonst Reichen oder gar heiligen und gelehrten Leuten zustehen / und geziemen;

Aber das gibt die Erfahrung / daß unser Menschlich Leben in Politischen Händeln nicht bestehen könte / wann wir keinen Wein hätten: Dann so bald ein Kindt geboren / wird Ihm die Zung mit Wein gelöst / die Tauffsupp kan ohn Wein nicht gegeben werden / und gleich wie die Mutter dem Kind den Wein anfänglich mit Löffeln einflöst / damit es auch bey Zeit diesen Edlen Safft geniessen lerne / eben also muß Sie selbst Wein haben / wann das Kind Zahnen will / und solt es Ihrem Schleyer gelten; wird der Sohn groß und zu einem Handwerck uffgedingt / so muß Wein dabey seyn / auch eben sowohl wann er loßgesprochen; soll er dan wanderen / so erforderts ein Trunck zum *Valete*, kombt Er wieder / so erscheinet billich der Willkom / will Er dann heurathen / so wird WeinKauff und Hochzeit beym Trunck vollzogen; *In summa* kein Kauff / kein Verkauff / kein Verding / kein *Contract*, kein Vertrag / kein vertrewliche Brüderschafft / oder Einiger Handel von *impor*tantz / der Menschen / wird gemacht / welches nicht der Lebensafft beschließen und bekräfftigen helffen muß / und wan man auch gar ein Schelmen schilt / so kans der Wein wider abwaschen; Er ist das Einige bey / mit / und in welchen die Freundschafften gemacht und immerforth bezeugt werden / in einen kleinen Faß Wein stecket grosse Ehr / dann wir geben nicht allein den geringen Ehren Trunck / sondern trincken auch selbst der höheren und sonst lieber Freund Gesundheit / welches denenselben zu großen Ehren / und Wohlgefallen: Uns selbst aber auch zu guten gereichet: Köstliche *Materia*: die du gleich von Mutter-Leib an zu uns kombst und uns biß in und nach unserm Tod dienest / und erfreuest / nehmlich wann man alsdann den Trösterwein trincket; du hast den Preiß vor allen Liquoren / und bist allein würdig erkannt / daß auß dir in der Catholischen Kirchen das teure Blut des Erlösers [davon ein einiger Tropff genug gewesen were die gantze Welt in allen Lastern seelig zu machen] *consecrirt*: bey der Evangelischen aber unter dir verborgen: und bey der *Reformirten* durch dich *repræsentirt*: und also durch dich so wohl die Seel als der Leib gespeiset werde; dahero dem Ertz Ketzer Mahomet auß Göttlicher *providentz* nicht zugelassen worden / seinen Türcken solchen Edlen Tranck zu gönnen / als die dessen so wenig als andere Bestien würdig. Wir wollen aber das Faß auch am andern Boden anstechen / umb zuversehen / was dieser Himlische Safft vor ein Nachgeschmack habe wann man ihn mißbrauchet.

Gegen-Satz.

Nun dann wohl her ihr Vollzapfen / der Strauß ist außgesteckt / das Faß am hindersten Boden angestochen / und ich bin bereit euch einzuschencken! Uffs wenigest werdet ihr einen guten gesunden Trunck Wermuth bey mir zum besten haben.

Wisset demnach zu forderst liebe Zechbrüder / daß die Gabe GOTTes der Wein von ihrem Schöpffer dermahlen *privilegiret* worden / daß alle seine Oberzelte gute Tugenden zu lauter Plagen und Straffen verändert werden / denen Jenigen / die solchen mißbrauchen und dessen zu viel eingiessen; dann daß grausamb überflüssig sauffen / wie es jetzt der Brauch ist / verderbt die gantze Natur / macht ein blöden tollen Kopff / Schwindel im Hirn / ein flüssiges Haubt / schwachen Verstand / trieffend Augen / ein stinckenden Athem / bösen Magen / zitterende Händ / flüssende offene Schenckel / Potagramische Glieder / stammlende Zungen / und ein heyßere Stimm / es entzündet die Leber / bringet die Lungensucht / die Schwindsucht / Wassersucht / Gicht daß Grieß / endlich / ein frühezeitig alter und plötzlichen Tod. Derohalben sagt *Titus Chrysoltomus. Corpus ex forti fit debilè, ex agili grave, ex formoso deforme, ex sano ægrotum, ex juvene antiquam & Veteranum, atque ex vivo mortuum;* Das ist / auß einen starcken Leib wird ein Schwacher / auß einem leichtern ein schwerer / auß einem schönen ein heßlicher / einem Jungen ein Alter / und endlich auß einem Lebendigen ein Todter; mit disem stimmet der weise Mann überein da Er sagt / Mehr kommen umb durch Völlerey als durch das Schwerdt; Biß es nun die Trunckenbold so weit dahin bringen / daß der Wein ihren Weinschlauch vor der Zeit den Würmen lieffere; müssen sie viel Püff leiden und außstehen / und seynd doch der Höllen gewärtig / laut folgender teutschen Reimen.

O Trunckenheit du schwere Sach /
Bringst manchen Mann in Ungemach /
Von Ehr und Ruhm in Spott und Schand /
Von Kunst und Witz in Unverstand /
Von Geld und Gut in Armut bloß /
Von gesunden Leib in Kranckheit groß /
Von Freud und Muth in Jammers qual /
Von Speiß und Tranck in Hungers Fal /
Von Edler Freyheit unverhafft /
In dienstbare LeibEigenschafft /
Von Weib und Kind in das Elend /
Vom Leben zu dem Tod behend /
Von GOttes Reich in ewigs Leid /
Ach! endlich umb die Seeligkeit.

Den fromen Loth konte weder Welt noch Teuffel / wiewohl Er mitten in Sodoma wohnet / zu Fall bringen / so bald er aber truncken / ist er unversehens überwunden worden / dann wann der Wein eingehet / so gehet der Witz auß / als dann ist der gescheide ein Narr / der Verstand wird verfinstert / die Sinne werden stumpff / die Sprach wird verhindert / die Junge stamlet / das Gesicht vergehet / das Gehör wird betäubet / die Empfindligkeit verlohren / die Kräffte werden geschwächt / die Geberde verstellet / der Beutel wird erschöpfet / der Vorrath verthan / die

Zeit verlohren / die Heimligkeiten geöffnet / und der gantze Leib des Menschen nicht allein verderbet / sondern auch zu allerhand Uppigkeit / bösen Lüsten / Thorheiten und Unzucht gereutzet; Dann gehet es an ein wüten und toben / springen und tantzen / fluchen und schweren / rauffen und schlagen / kotzen (mit Gunst) und speyen / biß endlich eine solche Bestia / [wann sie anderst in solcher Gefahr das Leben durchdringt] dorthin fält wie ein Ploch und alle Würckung der Seelen verlohren hat; sich in eignen Unflat und Gespey umbwaltzende.

Dann mann stehet täglich daß etliche seynd / die in der Trunckenheit Hab und Gut verspiehlen / etliche verhuren Ehr und Guth / etliche schelten oder schlagen einander / oder bringen sich gahr ümbs Leben / andere ersticken im Wein / andere fallen sich zu todt oder sonst Arm und Bein entzwey / oder begehen sonst Unglück die ihnen Ihr Lebtag nachgehen / wanns aber am allerbesten ablaufft / so bleibt ein solche volle Sau dort liegen / in schrecklichen unordentlichen unkeuschen Treumen / und unflätigen Fantaseyen / biß Ihn die Liebe halle Sonne / des andern Tags findet / klagend / der Kopff thue Ihme wehe / mit festen Vorsatz solches wider mit einem andern Rausch zuvertreiben; Dann einmahl ists gewiß und eins von den grösten Ublen / so daß Sauffen mit sich bringt daß wer sich einmahl der Füllerey ergibt / daß Er schwerlich mehr davon abläst / [Ich meine die so gleichsamb aller Ehr und Tugend abgesagt / und sich allein diesem Laster ergeben.] Und wann gleich alles durch die Gurgel gejagt wird / so fangt er an zubetriegen / rauben und stehlen / damit Er seinem Bauch der sein GOtt ist / widerumb das gewöhnlich Opffer reichen könne / bis endlich Galgen und Radt / oder gahr die Verzweiffelung hernach folgt / alß *Marco Gabinio* den Ertz Verschwender beschehen / *wie Pion Cassius lib.* 57. von Ihme meldet.

So ist auch die Trunckenheit bey allen Weisen und Ehrlichen Leuten jeder Zeit verhasst gewesen / *Licurgus* hat seinen Sparthaneren die Füllerey mit sondern Ernst verboten; *Plato* nennet sie ein Strick zu allerhandt Unglück: *Pion* nennet sie ein Begräbnüß deß Verstants / der H. Apostel Paulus warnet sein Epheser vorm vollsauffen / und *S. Augustinus* in einem Schreiben *ad sacras virgines* brauchet folgende Wort da Er sie vorm Wein warnet / *Ebrietas est flagitiorum omnium mater, Culparumque materia, dux criminum, origo vitiorum, Turbatio capitis, subversio sensus, tempestas linguæ, procella corporis, naufragium castitatis, amissio temporis, insania voluntaria, ignomisiosus languor, Turpitudo morum, dedecus vitæ, honestatis infamia animæ corruptela.* Das ist / die Trunckenheit ist eine Mutter aller Sünden / eine Ursach allerhand Beschuldigungen / Anleitung zu Unthaten / Ursprung der Laster / Verwirrung des Haupts / eine Verkehrung der Sinnen / ein Ungewitter der Zungen / ein Sturm des Leibes / ein Schiffbruch der Keuschheit / ein Verlust der Zeit / ein vorsetzliche Raserey / ein schändliche Quälung guter Sitten / ein Schandfleck des Lebens / ein Nachtheil der Erbarkeit / ein Verderbung der Seelen; *S. Basilius* beschreibet sie in *sermone de die Pasche* uff diese Weiß *Ebrietas est rationis interitus fortitudinis pernicies senectus immatura, mors momentanæ*. Das ist / die Trunckenheit ist ein Untergang der Vernunfft / ein Verderberin der Stärcke und aller Leibs-Kräfften / ein unzeitigs Alter / ein urplötzlicher Todt. *Aristoteles* zehlet sie in seinen *Proplem: sect. 30. q. 13*. unter die *Species* der Rasserey. An einem andern Ort sagt *Augustinus* von ihr *Ebrietas est blandus dæmon, duce denenum, sua auc peccatum, quam qui habet, se ipsum non habet; quam qui facit, peccatum non facit, sed totus est peccatum.*

Sonsten wird sie auch unterschiedlich genennet als

Naufragium pudicitiæ & Castitatis.
Brevis comitialis morbus.

Chrisostomus nennets *Matrem omnis tristitiæ. Item radicem omnium ægritudinem & lætitiam diabolo.*

Caterus begreiffts kurtz und rundt in seiner *œconomia* zweyten Buch und 16ten Capitel in diesen Alten Versen.

Ebrius atque satior his ecce modis variatur
Hic canit, hic plorat, hic est blasphemus, hic orat,
Hic est pacificus, hic est mulieris amicus,
Hic sactat lætus, hic est sermone facetus,
Iste loqui nestit, hic cespitat, ille pigrestit,
Hic est clamosus, hic est nimium vitiosus,
Disputat hic, villæ per compita cursitat ille,
Hic vomit, ille vorat, sic Bacchi turba laborat,

In Summa / die Trunckenheit ist ein Brunnquell und Ursprung aller Schanden und Laster / dann sie macht einen Menschen unverschembt / unzüchtig / leichtfertig / zornig / tyrannisch / hirnschellig und endlich gar närrisch.

Weil ich denn nun sehe / daß es bereits an dem ist / daß meine liebe Zechbrüder von diesem Wermuth anfahen herumb zu turmeln als wann sie *cuculi* oder Pilsensamen gefressen hetten / zumahlen schon einer singt / der ander weinet / der tritt lachet / der vierd fluchet / der fünfft bettelt / der sechst trauret / der siebend tantzt / der acht leffelt / der neundt zehlet / der zehend schläfft / der elfft katzt / der zwelfft stillschweiget / der dreyzehend die Stigen einfält / der vierzehend Stül und Offen / der funffzehend Kannen und Gläser / der sechzehend die Fenster zerbricht / der siebendzehend plaudert / daß sonst niemand mehr vor ihm zu kommen kan / der achtzehend Rauffhändel anfahet / der neunzehend den zwantzigsten schlägt / und den ein und zwantzigsten die Stiegen hinunter wirfft; So will ich mich auß dem Staub machen / und achtung geben / ob nicht morgen der eine seine Handschuch / der ander sein Degen / der dritt nur die Scheid / der vierdt sein Messer / der fünfft sein Hut / der sechst nur die Schnur / der siebend sein Geld / der acht sein Naßtüchlin / der neundt sein Ring / der zehend ein Kleinodi / der elfft sein Witz / und der zwelfft sein Verstand verlohren / ob nicht der dreyzehend ein Loch im Kopff / der vierzehend ein grosse Beul / der fünffzehend die Schienbein zerstoßen / der sechzehend blaue Augen / der siebzehend ein krancken Kopff /

der achtzehend ein zerkratztes / der neunzehend ein verschwollenes Angesicht habe; und ob den zwantzigsten nicht sey / als weren ihme wie einen Geradbrechten / Arm und Bein entzwey: Ein anderer mag indessen achtung geben / ob bey dieser Gelegenheit die Weiber ihre Männer auch noch all kennen.

Gotthold Ephraim Lessing

An den Wein

Wein, wenn ich dich jetzo trinke,
Wenn ich dich als Jüngling trinke,
Sollst du mich in allen Sachen
Dreist und klug, beherzt und weise,
Mir zum Nutz, und dir zum Preise,
Kurz, zu einem Alten machen.

Wein, werd' ich dich künftig trinken,
Werd' ich dich als Alter trinken,
Sollst du mich geneigt zum Lachen,
Unbesorgt für Tod und Lügen,
Dir zum Ruhm, mir zum Vergnügen,
Kurz, zu einem Jüngling machen.

Simon Dach

Lob des Weins

Ein deutscher Dithyrambus

Dies ist der Trank,
Der Unmuthszwang,
Durch den wir fröhlich werden;
Der unsern Geist
Der Pein entreißt,
Gibt freudige Geberden.
Er thut uns kund
Des Herzensgrund,
Macht Bettler gar zu Fürsten:
Wir werden kühn
Und frisch durch ihn,
Daß uns nach Blut muß dürsten.

Sein süsser Saft
Gibt denen Kraft
Zu reden, die sonst schweigen:
Macht uns bereit,
Barmherzigkeit
Dem Armuth zu erzeigen;
Wie auch beherzt,
Das was uns schmerzt,
Zu eifern und zu lästern:
Ertheilt die Kunst
Und alle Gunst
Der dreimal dreien Schwestern.

Daher man sieht,
Wann wir hiemit

Das Herz uns kaum begossen,
Wie dann der Fluß
Des Pegasus
Kommt auf uns zugeschossen:
Der will dann ein
Poete seyn;
Der kann viel Streitens machen
Von der Natur;
Der redet nur
Von Gottes hohen Sachen.

Auch mir wird itzt
Der Kopf erhitzt,
O Wein, von deinen Gaben
Die Zunge singt,
Die Seele springt,
Die Füsse wollen traben,
Wohlan! noch baß
Durch dieses Glas
Will ich auf dich jezt zielen,
Du deutsches Blut
Treu, fest und gut!
Laßt Eins zum Tanz mir spielen!

Johann Arnold Ebert

Urquell aller frohen Lieder …

Urquell aller frohen Lieder,
Schutzgott aller frohen Brüder,
  Freudengeber Wein!
Ja, du sollst von keinen Zungen
Ungerühmt und unbesungen
  Je genossen sein!

König irdischer Getränke,
Bestes der Naturgeschenke
  Für des Lebens Ruh!
Denn was lehrt uns tausend Plagen
Leichter und gelaßner tragen? –
  Lebensbalsam, du!

Furcht und Gram und Grille fliehen;
Freud und Mut und Hoffnung ziehen
  Wieder in die Brust.
Froh sieht man den Becher blinken,
Glaubet nur den Wein zu trinken
  Und trinkt lauter Lust!

Auszug aller edeln Säfte!
Du erhöhst auch Geisteskräfte
  Dem, der dich geneußt.
Welch ein Geist muß in dir brennen!
Ja, du selbst mußt denken können;
  Wein, du bist ein Geist!

Doch genug! Zu lange Lieder
Hassest du, und euch, ihr Brüder,

   Durstet, wie mich dünkt.
So würd er zu schwach erhoben.
Kräftiger kann der ihn loben,
   Der ihn dankbar trinkt.

Doch gedenkt des Spruches immer:
Nie zu viel! – Entweiht ihn nimmer
   Durch Unmäßigkeit.
Wer ihn ehrt, den soll er laben!
Der soll keinen Tropfen haben,
   Der ihn frech entweiht!

Georg Christoph Lichtenberg

Bemerkungen zum Wein

Trinken, wenn es nicht vor dem fünf und dreißigsten Jahre geschieht, ist nicht so sehr zu tadlen, als sich viele von meinen Lesern vorstellen werden. Dieses ist ohngefähr die Zeit, da der Mensch aus den Irrgängen seines Lebens heraus auf die Ebene tritt in welcher er seine künftige Bahn von nun an offen vor sich hinlaufen sieht. Es ist betrübt, wenn er alsdann erst sieht daß es die rechte nicht ist, eine andre zu suchen, wenn er nicht sehr gut zu Fuß ist, ist gemeiniglich zu spät. Ist diese Entdeckung mit einer Unruhe verknüpft, so hat man durch die Erfahrung befunden, daß der Wein zuweilen Wunder tut, fünf bis sechs Gläser oder bis an die Spes dives des Horaz getrunken, gibt nun dem Menschen die Lage die er verfehlt hat, das Gesinnungen-System findet alles Äußere mit seinem angenehmsten Stande harmonisch, wo Prospekte verbaut sind, da reißt die Seele ein, und überall schafft sie sich die schönsten Perspektive, von dem reinsten rosenfarbenen Licht erhellt, oder dem erquickendsten Grün das nur ein Auge zur Stärkung und eine Seele zur angenehmsten Füllung verlangen kann.

*

Der Wein hat manche große (und gute) Tat (so wie manche böse Tat) hervorgebracht. (drunk)

*

Man führt gegen den Wein nur die bösen Taten an, zu denen er verleitet, allein er verleitet auch zu hundert guten, die nicht so bekannt werden. Der Wein reizt zur Würksamkeit, die Guten im guten und die Bösen im bösen.

*

Es wird gewiß in England des Jahres noch einmal so viel Portwein getrunken, als in Portugal wächst.

*

Anderer Leute Wein auf Bouteillen ziehn, und sich dabei ein bißchen benebeln daß man glaubt er gehöre ihm. So etwas tun die meisten deutschen Schriftsteller

*

Der Rheinwein ist der beste, in welchen der Rhein und die Mosel gar nicht geflossen ist

*

Wie hat man denn die Weine durch Ruhe verbessert. Warum verbessert man nicht andere Dinge durch die Zeit. Die Weine, die Weine zu merken. Löst mir das Rätsel: warum kann man nicht aus neuem Rheinwein in Zeit von ein paar Stunden einen machen, den der größte Weinkenner mit altem verwechselt. Was für ein Deutsch wird man im Jahr 2000 in Sachsen sprechen?

*

Ich glaube, daß man selbst bei abnehmendem Gedächtnis und sinkender Geisteskraft überhaupt noch immer gut schreiben kann, wenn man nur nicht zu viel auf den Augenblick ankommen läßt, sondern bei seiner Lektüre oder seinen Meditationen immer niederschreibt, zu künftigem Gebrauch. Auch der abgelebteste Mann hat Augenblicke, wo er, durch Umstände so gut wie durch Wein angespornt, sieht, was kein anderer gesehen. Dieses muß gehörig aufgesammelt werden. Denn das, was der Augenblick der Ausarbeitung zu geben vermag, gibt er doch. So sind gewiß alle großen Schriftsteller verfahren.

*

Man hat so viele Anweisungen, den Wein recht zu bauen, und noch keine, ihn recht zu trinken. Er wächst nur gut unter dem Schutz eines sanften Himmels, und ähnliche Seelen müssen diejenigen haben, die ihn am besten trinken. Derjenige, der mehr als eine Bouteille trinkt, ohne entweder französisch, oder von seinem Mädchen zu sprechen, ohne mich seiner Freundschaft zu versichern, ohne zu singen, ohne irgend ein kleines Geheimnis zu verraten usw., und der, der beim vierten Glas mich hitzig fragt, ob ich ihn nicht für einen braven Kerl halte, alle kleinen Scherze krittlich abwägt, kurz der Unglückliche, der beim Wein immer Schläge haben will, und sehr oft auch bekommt, täten beide weiser, wenn sie Wasser tränken.

Wilhelm Müller

König Wein

Der König, dem ich diene,
Als treuer, tapfrer Held,
Er ist der größte König
In Gottes weiter Welt.

Die Fahne, der ich folge,
Sie ist ein grüner Zweig,
Der weht vor allen Schenken
In meines Königs Reich.

Ich trage seine Farbe
In meinem Angesicht:
Auf Kragen und Rabatten
Sieht unser König nicht.

Hochroth ist seine Farbe,
Glänzt wie ein Edelstein,
Die Farbe unsrer Feinde
Hat matten, bleichen Schein.

Ihr General und König
Wird Durst auf Deutsch genannt,
Zieht sengend und verbrennend
Durch unsres Königs Land.

Bibamus, eh bibamus!
Ist unser Feldgesang,
Und unsre Schlachttrompete
Ist voller Gläser Klang.

Auch fehlen nicht die Trommeln,
Auch donnert mancher Schuß:
Wir schlagen auf die Tische,
Wir stampfen mit dem Fuß.

Wir haben scharf geladen,
Wir fuhren gut Gewehr:
Kanonen sind die Flaschen,
Von edlem Safte schwer.

Wohlauf, wohlauf zum Siege!
Die Nase und der Bart
Sind besser, als im Helme,
In einem Glas bewahrt.

Und wirft ein Hieb mich nieder
In diesem wilden Strauß,
Ich schlafe jede Wunde
In wenig Stunden aus.

Heil dir, mein großer König,
Heil dir und deinem Thron,
Und allen treuen Brüdern
In deinem edlen Frohn!

Eduard Mörike

Wechsellied beim Weine

Trink ich ihn, den Saft der Reben,
Gleich erwarmet meine Seele
Und beginnt in hellen Tönen
Einen Preisgesang der Musen.

Trink ich ihn, den Saft der Reben,
Alsbald streu ich meinen Kummer,
All mein Zweifeln, all mein Sorgen
In den Braus der Meereswinde.

Trink ich ihn, den Saft der Reben,
Läßt mich Bacchos, der des Scherzes
Bande löset, blumenatmend,
Süßberauscht im Tanze schwanken.

Trink ich ihn, den Saft der Reben,
Wind ich Blumen mir zu Kränzen,
Schmücke meine Stirne, singe
Von des Lebens stillem Glücke.

Trink ich ihn, den Saft der Reben,
Mag ich, schön von Salbe duftend
Und im Arm das Mädchen haltend,
Gerne von Kythere singen.

Trink ich ihn, den Saft der Reben,
Wie entzückt ein Kreis von Mädchen
Mich, wo volle, tiefe Becher
Erst mir Geist und Sinn erweitern!

Trink ich ihn, den Saft der Reben –
Mir vor Tausenden gewinn ich,
Was ich scheidend mit mir nehme;
Doch den Tod teil ich mit allen.

Theodor Körner

Weinlied

Einer.

Gläser klingen, Nektar glüht
In dem vollen Becher,
Und ein trunk'nes Götterlied
Tönt im Kreis der Zecher.
Mut und Blut braust in die Höh',
Alle Sinne schwellen
Unterm Sturm der Evoe
Fröhlicher Gesellen.

Chor.

Die Jugendkraft
Wird neu erschafft,
In Nektarsglut
Entbrennt der Mut!
Drum, der uns Kraft und Mut verleiht,
Dem Weingott sei dies Glas geweiht!

Einer.

Becher! deinen Purpursaft
Schlürf' ich froh hinunter,
Denn des Herzens stolze Kraft
Lodert im Burgunder!
Glüht er nicht mit deutschem Mut
Und mit deutschen Flammen,
Eint er doch des Südens Glut
Mit dem Ernst zusammen.

Chor.

Wer in sich Mut
Und Thatenglut
Und stolze Kraft
Zusammenrafft,
Und wer im Wollen fühlt die Macht
Dem sei der Becher dargebracht!

Einer.

Aber jetzt ringt Jugendlust
In Champagners Schäumen,
Wie in frischer Jünglingsbrust
Träume kühn mit Träumen.
Leichtes Blut, verweg'nes Herz,
Stolzes Selbstvertrauen,
Froher Sinn bei Leid und Schmerz,
Mutig Vorwärtsschauen.

Chor.

Das Auge sprüht,
Die Wange glüht,
Es wogt die Brust
In trunk'ner Lust.
Der schönen frohen Jugendzeit,
Der sei dies volle Glas geweiht!

Einer.

Doch des Südens ganze Pracht,
Und ein schöner Feuer,
Und der Liebe süße Macht
Lodert im Tokaier;
Golden schäumt er im Pokal,
Hell wie Himmelskerzen,
Wie der Liebe Götterstrahl
Glüht im Menschenherzen.

Chor.

Der Liebe Glück
Wie Sonnenblick
Im Paradies,
So hold, so süß!
Der höchsten Erdenseligkeit,
Der Liebe sei dies Glas geweiht.

Einer.

Aber jetzt der letzte Trank;
Rheinwein glüht im Becher!
Deutscher Barden Hochgesang
Tönt im Kreis der Zecher.
Freiheit, Kraft und Männerstolz,
Männerlust und Wonne
Reift am deutschen Rebenholz,
Reift in deutscher Sonne.

Chor.

Am Rhein, am Rhein
Reift deutscher Wein,
Und deutsche Kraft
Im Rebensaft.
Dem Vaterland mit voller Macht
Ein dreifach donnernd Hoch gebracht!

Einer.

Unsern frohen Zecherkreis –
Daß er ewig bliebe! –
Führe auf des Lebens Gleis
Freiheit, Kraft und Liebe!
Drum, eh' wir zum letztenmal
Unsre Gläser leeren,
Soll der Brüder volle Zahl
Diesen Bund beschwören.

Chor.

Ein festes Herz
In Lust und Schmerz,
In Kampf und Not,
Frei – oder tot! –
Und daß der Bund auch ewig währt,
Drauf sei dies letzte Glas geleert!

Ewald Christian von Kleist

Liebslied an die Weinflasche

– – – – jocos
Quid vetat innocuos? – –
Vanierius.

O Flasche, voll vom Saft der rheinschen Traube,
Du Schmuck der Welt!
Beglückt ist der, der in der Rosenlaube
Im Arm dich hält!

Nun du mich liebst, ist gut und schlimm Geschicke
Mir gänzlich gleich;
Du bist mein Trost, mein Leben, Ruh und Glücke,
Und Himmelreich.

Wenn andre sich in Grausame vergaffen,
O wie lach ich
Der Thoren! Du bist für mein Herz erschaffen,
Und ich für dich.

Du stärkst den Muth und führest Himmels-Freuden
In meine Brust.
Des Waßers Freund muß Pein und Schwermuth leiden,
Und mißen Lust.

Fiel Adam wohl, der Trauben gnug verschlucket,
Dadurch in Noth?
Der Biß in Frucht, aus der man Cider drucket,
Verdiente Tod.

Bleib mir forthin, was du mir stets gewesen,
Mein Ruhm und Heil!
Dich hab ich mir aus einer Welt erlesen,
Zum besten Theil.

Und sterb ich einst, so wein auf meine Asche,
Und schluchz betrübt:
Hier ruhet der, der mich gekränkte Flasche
Getreu geliebt.

Du schwerer Wein, kannst du nicht brechen

Du schwerer Wein, kannst du nicht brechen
Das tiefgebeugte müde Herz?
Ich will mit Wasser dich nicht schwächen,
Und nicht mit Thränen meinen Schmerz;
An mir soll ihre Schuld sich rächen,
Ich opfre mich zu ihrem Scherz.
Wie glühend Gold ich stürz' dich nieder,
Bis meine Kehle sich dir schließt;
Mitleid'ge Seelen, singt mir Lieder
Vom Lethe her, der mich umfließt!
Es dreht und wirbelt sich im Saale,
So geht es in der andern Welt,
Die Geister nehmen Sitz beim Mahle,
Das ich in Einsamkeit bestellt;
Ihr scheinet mir bekannt, und gleichet
Der Einen, ha! nun kenn' ich euch!
Ihr Lügenbilder all, entweichet,
Und sinkt zurück in's dunkle Reich!
So dacht' ich sie in goldnen Zeiten,
So log sie sich in meinen Sinn, –
Zerstreut euch in den leeren Weiten!
Ihr weichet nicht? ihr setzt euch hin?
Wie kommt ihr mir so ungeladen,
Und steiget aus der Flaschen auf?
Auch goldner Wein ist mir zum Schaden!
Wo thut sich Trost und Heil mir auf?

Theodor Storm

Oktoberlied

Der Nebel steigt, es fällt das Laub;
Schenk ein den Wein, den holden!
Wir wollen uns den grauen Tag
Vergolden, ja vergolden!

Und geht es draußen noch so toll,
Unchristlich oder christlich,
Ist doch die Welt, die schöne Welt,
So gänzlich unverwüstlich!

Und wimmert auch einmal das Herz –
Stoß an und laß es klingen!
Wir wissen's doch, ein rechtes Herz
Ist gar nicht umzubringen.

Der Nebel steigt, es fällt das Laub;
Schenk ein den Wein, den holden!
Wir wollen uns den grauen Tag
Vergolden, ja vergolden!

Wohl ist es Herbst; doch warte nur,
Doch warte nur ein Weilchen!
Der Frühling kommt, der Himmel lacht,
Es steht die Welt in Veilchen.

Die blauen Tage brechen an,
Und ehe sie verfließen,
Wir wollen sie, mein wackrer Freund,
Genießen, ja genießen!

Friedrich Hebbel

Der Wein

Du blinkst so hell und glänzend aus dem Becher,
Als wäre jeder Stral in dir zerronnen,
Woraus du einst die Feuerkraft gewonnen,
Die glühend jetzt entgegen schäumt dem Zecher.

Ich aber säume, reizender Versprecher
Des Süßesten, und zähle all' die Sonnen,
Die dich mit ihrem Netz von Licht umsponnen,
Bevor die Traube reif erschien dem Brecher.

Ich sehe ihn, von Nächten und von Tagen
Den reichen Zug, die, längst hinab gesunken,
Dir scheidend all ihr Köstlichstes gegeben.

Da mögt' ich fast im Geist vor dir verzagen,
Kaum an den Lippen, bist du ausgetrunken:
Wie zahle ich den Preis für so viel Leben?

Friedrich von Hagedorn

Der Wein

Du brausender und frischer Most,
Du gährend Mark der milden Reben,
Des Herbstes Ehre, Götterkost!
Mein Lied will deinen Ruhm erheben.
O feuerreicher Traubensaft!
Gib meinen Worten deine Kraft,
Laß sie, wie du, ans Herze dringen,
Und, weil dein Einfluß und dein Geist
Dem Witze Muth und Glück verheißt,
Auch mich von deinen Wundern singen.

Du bist, o Wein! dem Einfall hold
Und weckst den Scherz belebter Flöten.
Wie reich sind durch dein trinkbar Gold
Die Zungen singender Poeten!
Mich däucht, ich sehe den Homer
Zu jeder Schlacht, für jedes Heer
Sich zechend seine Helden wählen.
Dir muß ein Flaccus günstig sein;
Ihm schickt Falern und Alba Wein.
Wie konnt' es ihm an Liedern fehlen?

Nichts übertraf an Streitbarkeit
Der Dardaner, der Griechen Schaaren,
Die, nur im Weindurst unentzweit,
Verehrer des Lyäus waren.
Auch unsrer Väter Beispiel lehrt,
Wie sehr er Muth und Sieg vermehrt.
Ihn trinken Franken und Teutonen,
Der Sachsen und der Schwaben Schwarm.

Der Wein, der Wein stärkt ihren Arm,
Und dieser stürzet Legionen.

Tuistons Enkel, deren Ruhm
Die ewigen Geschichte melden,
Auf! sehet euer Eigenthum,
Auf! auf! Gebeine deutscher Helden.
Verlaßt die Hügel eurer Gruft,
Erhebt euch; suchet Sonn' und Luft!
Euch wollen Rhein und Mosel winken.
Sie heißen euch nach alter Zeit,
Treu', Anschlag, Wahrheit, Tapferkeit
In ihrer Trauben Blute trinken.

Den Götterdienst, den Kriegesrath
Muß oftgeprüfter Wein beleben.
Fürst, Barde, Feldherr und Soldat,
Wer liebte nicht die edlen Reben?
Ja, alles ist der Wein bei euch:
Ihr opfert und ihr trinkt zugleich.
Dort liegt der Wurfspieß und die Keule.
Ihr tanzt um Wodans Blutaltar,
Wälzt euch, wo Hertha heilig war,
Und taumelt um die Irmensäule.

Fürst Hermann ficht und Varus weicht
Und sucht vergebens offne Felder;
Der Seinen Angst und Flucht durchstreicht
Die schwarzen blutbetrieften Wälder.
Cherusker, euch hieß Recht und Wein
Den Deutschen gleich und muthig sein,
Und so muß Romuls Adler beben.
Ihr kämpft und rächt das Vaterland,
Ihr schlagt und pflanzt mit tapfrer Hand
Bald Siegeszeichen, bald auch Reben.

O höret! Welch ein Freudenfest
Auf jenem traubenvollen Hügel?
Man jauchzt und singt, und alles läßt
Der Freiheit und der Lust den Zügel.
Es ist die Lese. Jeder lärmt
Und lacht und schreit und spielt und schwärmt
Und läßt sich nichts zu scherzhaft dünken.
Die Fässer werden voll geschafft,
Die Kelter preßt den süßen Saft
Und seufzt, wann manche Wasser trinken.

Dort kömmt nach selbstgestimmtem Ton
Der Winzer Urban mit Brigitten.
Kaum tanzt er vor, so fällt er schon,
Der Wein und er sind ausgeglitten.
Ha! ruft er und steht wieder auf:
Hier tanzt sich's mit zu schnellem Lauf.
Ich glaube fast, ich bin gefallen.
Er dehnt sich, lacht und zeigt den Gaum
Und springt und stampft und kann noch kaum
Sein Hoch! mit schwerer Zunge lallen.

Wie schwenkt sich Cunz, der Ackerknecht,
Mit seiner braunen Adelheide!
Gelt, Schätzle, gelt! so tanzt sich's recht,
Und das heißt mehr als Kirmeßfreude.
Er wischt und stellt sich, und sein Fuß
Scharrt bäurisch zu dem kurzen Gruß.
Er eilt, sie männlich anzugreifen.
Er trinkt auf jeden Tanz ein Glas
Und scheinet Stoppeln, Haid' und Gras
Mit ihr fast fliegend durchzustreifen.

Ein Grübler trinkt, beseufzt sein Leid
Und sammelt Flüche, Furcht und Dünste,

Und seine Galle prophezeit
Pest, Wolkenbruch und Feuersbrünste.
Wie, murrt er, trügerischer Wein!
Sollst du der Sorgen Tröster sein
Und kannst nicht meiner Schwermuth wehren?
Du fließest; aber mir zur Last.
Ihr Tropfen seid mir nun verhaßt;
Ihr alle werdet mir zu Zähren.

Spavento füllt sein Glas mit Wein.
»Ihr Herren,« spricht er, »laßt uns leben!
Geh', Schenke, bringe mehr herein,
Doch mußt du alten Festwein geben.
Der alte Wein befeurte mich,
Als mir bei Hochstädt alles wich,
Wo ich des Bassa Roßschweif kürzte,
Der, als er blutig mir entlief,
Den Nepomuc zu Hilfe rief
Und dann sich in die Wolga stürzte.«

»Kund und zu wissen sei hiemit,
Daß ich auch Mohren übermannte,
Und zu Morea, bei Madrit,
Den Pontus im Euxin verbrannte.
Nun denk' ich an die Heldenzeit;
Ich lobe mir nur Tapferkeit.
Dies Schwert weicht keinen Hannibalen.
Beim Element! es hält sich frisch.«
Gleich wetzt er es auf Bank und Tisch,
Und Kannen, Licht und Teller fallen.

Ein Alter spricht: Was soll dies sein?
Du Bluthund! zeige dein Vermögen.
Mein Kleid ist hin; es fleckt der Wein.
O wäre meine Frau zugegen!

Allein ich selbst, ich stehe dir.
Du Türkenwürger! komme mir,
Machst du mein feines Tuch zunichte?
Noch fließt der Wein; noch werd' ich naß.
Gevatter, hilf und wirf das Glas
Dem Eisenfresser ins Gesichte.

Nur immer drauf! Nur unverzagt!
»Ihr Furien!« Wie? Darfst du schelten?
Das Bankbein her! Zerbläut ihn! Schlagt!
Sein Maul soll jedes Wort entgelten.
Er flucht und keicht und schreit und schnaubt.
»Zum Henker! ist es hier erlaubt,
Mit guten Freunden so zu scherzen?«
Allein man rächt des Bassa Tod.
Spavento fällt und schwört und droht,
Den falschen Streich nicht zu verschmerzen.

So geht's. Erweckt der Wein den Muth
In ungestalten wilden Seelen;
So weiß sich in entflammter Wuth
Der Thracier nicht zu verhehlen.
Die Tobsucht reicht Gefäße her,
Da wird die Flasche zum Gewehr,
Da wechselt man, statt Kugeln, Krüge.
Da stößt das erste Glas alsdann
Geselligkeit und Freundschaft an.
Und Eris mischt die letzten Züge.

Doch tadelt nicht das edle Naß,
Verdammet nicht des Weinstocks Gaben,
Als müßten Zank und Groll und Haß
Durch sie nur größre Nahrung haben.
Euch widerleget jenes Paar,
Das ganze Jahre zwistig war

Und sinnreich in Begünstigungen.
Sie stellen alle Klagen ein
Und appelliren an den Wein
Von Urthel und von Läuterungen.

Wie mancher, dem der Wein gefällt,
Als wär' er Gift und Rügewasser,
Entlarvt, wenn nichts sein Herz verstellt,
Den Schalksfreund, Filz und Menschenhasser!
Wer Tücke heckt, muß nüchtern sein.
Mit Recht flieht Euclio den Wein.
Er trinkt und lacht mit halbem Munde
Und folgt der Zunft der Kargen nach,
Fälscht seinen Wein durch jenen Bach
Und rühmt sich nur der Wasserkunde.

O warum sucht die fernste Bank
Ein Aeltester der Zionsbrüder?
Ihm wird sein Most zum Liebestrank,
Der Heilige girrt Buhlerlieder.
Sein brünstig Aug' erheitert sich,
Er liebet mehr als brüderlich
Die Schwester, die ihn hier begleitet,
Und die er, als ein folgsam Kind,
Das seine Führung liebgewinnt,
Zum Leiden und zur Stille leitet.

Der Wein, der aller Herz erfreut,
Gibt den Magistern, die dort zechen,
Statt Eintracht und Gefälligkeit,
Allein die Lust zu widersprechen.
Wie glücklich sehen sie beim Wein
Die Fugen der Soriten ein!
Der Wein muß nie der Wahrheit schaden.
Der Rausch beleuchtet jetzt durch sie

Die vorbestimmte Harmonie,
Die beste Welt und die Monaden.

Weit klüger war Anacreon,
Der seinen Most besang und lachte,
Der Weinberg war sein Helicon,
Wo er, wie Gleim und Ebert, dachte.
Die Morgenrosen um sein Haubt,
Die Blicke, die sein Herz geraubt,
Wie wurden die von ihm erhoben!
Oft nahm der Reben Lob ihn ein.
Nicht schöner konnten dich, o Wein!
Die Götter, die dich tranken, loben.

Auch du beseligst ihren Stand.
Zeus hält sich keinen Wasserschenken.
Es muß ihm Ganymedens Hand
Zum Nectar die Pocale schwänken;
Die leert er bei dem Götterschmauß
Auf jeder Göttin Wohlsein aus.
Man hört die Tischmusik der Sphären.
Oft reichte Mars ein volles Glas,
Wenn ihr Vulcan nur abwärts saß,
Der himmlisch-lächelnden Cytheren.

Was seh ich? Was entdeckt sich mir?
Dort seh ich einen Tempel glänzen,
Und wie den Eingang und die Thür
Der Epheu und die Reb' umkränzen.
Die güldnen Flügel thun sich auf;
Ich sehe der Bacchanten Lauf;
Ich sehe sie mit ihren Stangen.
Sie tanzen, und ihr Lustgeschrei
Zeigt, was der Reben Wirkung sei,
Die jetzt um ihre Scheiteln hangen.

Der Trommeln Schlag, der Cymbeln Klang
Durchtönt den Jubel der Mänaden.
Es steigt ihr muthiger Gesang,
Der Chöre Nachruf einzuladen.
Sie rasen, aber nur zur Lust;
Sie rasen mit entblößter Brust.
Die Locken flattern ungebunden,
Wie Ariadnens glänzend Haar
Ein Spiel der regen Winde war,
Als Bacchus sie am Meer gefunden.

O daß kein ungeweihter Schwarm
Die Priesterinnen unterbreche!
Sie schütteln mit erhabnem Arm
Das Erz der runden Klapperbleche.
Nun macht ihr liedervoller Mund
Des Rebenvaters Größe kund
Und was Osir Egypten lehrte;
Wie dort, durch seine Milde nur,
Die weinbedürftige Natur
Durch dessen Bau ihr Ansehn mehrte.

Wie er mit fürchterlicher Macht
Des Ganges Völker überwunden,
Zuerst des stolzen Siegers Pracht,
Den reizenden Triumph, erfunden,
Und wie ihn, um des Indus Strand,
Sein kriegerischer Elephant
Durch manch' erfochtnes Reich getragen,
Auch wie er, in dem Götterstreit,
Mit wahrer Löwen-Tapferkeit
Den stärksten Riesen selbst erschlagen.

Der Opferbrand wird angeschürt;
Die Priester stellen sich in Reihen.

Es wird ein Bock herbeigeführt,
Den sie mit Mehl und Salz bestreuen;
Man rauft aus seiner Stirne Haar
Und wirft es auf den Rauchaltar,
Läßt Wein auf seine Hörner fließen
Und zuckt den Stahl und naht der Glut,
Und eilt, das längstverwirkte Blut
Des Rebenfeindes zu vergießen.

Er zappelt, stirbt und wird zerstückt;
Man untersucht die Eingeweide.
Herz, Lung' und Leber sind beglückt,
Und jedes Zeichen weissagt Freude.
Die Schlange, die der Korb bedeckt,
In dem ein groß' Geheimniß steckt,
Kriecht nun hervor und will sich zeigen.
Es kracht der Heiligthümer Sitz!
Der Tempel bebt; es strahlt der Blitz;
Es donnert links, und alle schweigen.

Der krummgehörnte Gott erscheint;
Centauren ziehen seinen Wagen;
Ein Satyr, der sich froh beweint,
Wird ihm von Panen nachgetragen.
Das Fichtenlaub, der Eppichstrauch
Umschatten seinen Kopf und Bauch:
Sein Pardel brüllt, doch nicht zu schrecken;
Er wittert noch der Löwin Haut,
Die man um Bacchus Schultern schaut,
Und die kann ihm nur Lust erwecken.

Ein tausendfacher Jubelschall
Der Bacchen, Satyren und Faunen
Ermüdet nun den Wiederhall
Und setzet alles in Erstaunen.

So bricht aus tiefer Höhlen Schooß
Das Heer der Winde brüllend los,
Braust um den Hain, kracht in den Eichen,
Zischt durch die Wipfel, schlägt, zertheilt
Die Esche, die im Fallen heult,
Und rauscht und wirbelt in den Sträuchen.

Ich werde neuer Lust gewahr:
Nun seh' ich alles sich umkränzen.
Es gaukelt dort der Larven Schaar
In phrygischen Sicinnistänzen.
Lenaeus steigt vom Wagen ab,
Er wanket mit dem Thyrsenstab,
Und strauchelt überzwerch und lachet.
Sein Trinkhorn schäumt vom Rebensaft.
Er trinkt mit Aeglen Brüderschaft
Und fragt, was ihr Silenus machet.

Es kömmt der reitende Silen;
Sein Esel hätt' ihn bald verloren.
Er schilt und schlägt ihn, heißt ihn gehn,
Und zerrt ihm die gesenkten Ohren.
Er wirft sich taumelnd hin und her;
Ihm wird der trunkne Kopf zu schwer;
Er sinkt und torkelt auf die Erde,
Und kriecht und wälzt sich um sein Thier:
Ihr trägen Faunen! helfet mir,
Und setzt mich wiederum zu Pferde.

Er fordert stammelnd Chierwein,
Mit schweren Lippen, starren Wangen.
Er lacht ihn an: nichts ist so rein;
Er will den, der ihn bringt, umfangen.
Ha! schreit er, Vater Bacchus, steh!
Ich trink', o Evan, Evoe!

Nun schließt er sich an seinen Schimmel
Er säuft den Wein in einem Zug.
O dieser schmeckt! Für's erste g'nug!
Und wirft den leeren Kelch gen Himmel.

Will alles sich dem Aug' entziehn?
Verschwindet alles in die Lüfte?
Der Gott und sein Gefolge fliehn
In Schatten, Wolken, Dampf und Düfte.
Ja! Bacchus eilt zur Oberwelt;
Der Rauchaltar, der Tempel fällt,
Und ihn verlieren meine Blicke.
Sah ich auch wirklich? Ja! Doch nein!
Ein Traum nahm Aug' und Sinnen ein
Und läßt mir nur sein Bild zurücke.

O wie begeistertest du mich,
Wein, der Entzückung Quell und Zunder!
Du wiesest mir jetzt sichtbarlich
Der Alten fabelhafte Wunder.
Du gibst auch nicht der Stille Raum,
Und ich enthalte mich noch kaum,
Daß ich dein Lob von neuem zeige.
Du brausender und frischer Most,
Des Herbstes Ehre, Götterkost!
Mein Lied … allein ich trink' und schweige.

Ende.

Johann Nikolaus Götz

Auf den Burgunderwein

Der war gewiß ein frommer Mann,
Den Jupiter so liebgewann,
Daß er ihm diesen Weinstock schenkte,
Ihn selbst in seinen Garten senkte
Und voll so schöner Trauben hängte.

Der Luna Horn muß ihn betaut,
Apollo huldreich angeschaut,
Vertumnus' Spate selbst umgraben,
Und für den Staren und den Raben
Der Speer Priaps beschützet haben.

Das war gewiß Dianens Hand,
Die mit dem Ulmbaum ihn verband
Und ihren Segen auf ihn legte,
Weil er sie zu verbergen pflegte,
Wenn sie den schönen Jüngling hegte.

Eh Peleus in der ersten Nacht
Der Braut den Gürtel losgemacht,
So fehlte bei dem hohen Feste
Zu der Bewirtung seiner Gäste
Der süße Nektartrank, das Beste.

Da sagte Zeus zur Götterschar:
Wir trinken Nektar Jahr für Jahr,
Seitdem wir in den Wolken leben:
Doch heute sollen irdsche Reben
Unsterblichen ein Labsal geben.

Er schüttelt sein allmächtig Haupt.
Gleich steigt der edle Stock, belaubt,
Mit schlanken Armen in die Lüfte,
Verbreitet holde Frücht und Düfte,
Daß er den Ruhm des Meisters stifte.

Gehabt euch wohl, schrie Cypria,
Du Nektar, du Ambrosia;
Euch so vermissen, ist gewonnen.
Es lebe Zeus, der nach der Sonnen
Kein wunderschöner Werk begonnen.

Sie streckt die Finger lüstern hin,
Ein Rebenkind zu sich zu ziehn,
Und ritzt den Lilienarm im Klauben.
Seit diesem purpern sich die Trauben
Als wie der helle Hals der Tauben.

Moritz Graf von Strachwitz

Schlage zum Himmel, Champagnergezisch

Schlage zum Himmel, Champagnergezisch,
Springe in silbernen Sprudelkaskaden,
  Schieße in pochenden,
  bäumenden Fluten,
  Fließe in kochenden,
  schäumenden Gluten,
Ähnlich dem Bronnen der Quellennajaden,
Drin sich die Glieder der Artemis baden
  Tief in des Idas Zypressengebüsch!

Forme die Perlen von silbernem Schaum,
Die sich erheben aus siedendem Spiegel,
  Die in den spitzigen
  Trichterpokalen
  Funkelnd dem hitzigen
  Sprudel entstrahlen
Die aus der Flasche gebrochenem Siegel,
Schweben und tanzen auf duftigem Flügel,
  Steigen und sinken im goldigen Raum.

Schlagt auf die Becher mit wirbelndem Schlag,
Daß sie erbrausen im rollenden Falle;
  Laßt in den duftigen
  Tiefen des Nasses,
  Tanzen die lustigen
  Geister des Fasses;
Laßt sie in spritzendem, stäubenden Falle
Stürzen aus schäumendem Becherkristalle;
  Kurz ist der Jugend moussierender Tag!

Franz Grillparzer

Rundgesang

Champagner,
Du Königswein!
Die Krone der Weine geheißen,
Kannst du deinen Namen erweisen,
Machst reich und selig alles umher
Und herrschest oft leider nur gar zu sehr!
Champagner,
Du Königswein!
Sollst fürder und fürder mein Liebling sein.

Champagner,
Du Mädchenwein!
So sanft von außen und stille,
Birgt Flammen die täuschende Hülle,
Und bist du auch bleich – genug davon.
Die Bleichsucht der Mädchen kennt man schon,
Champagner,
Du Mädchenwein,
Sollst fürder und fürder mein Liebling sein.

Champagner,
Du Liebeswein!
Im Taumel der Freude getrunken,
Wird jeder Tropfen zum Funken
Und senkt uns, von dir begeistert und warm,
Der lauernden Lieb in den lockenden Arm.
Champagner,
Du Liebeswein,
Sollst fürder und fürder mein Liebling sein.

Champagner,
Du freier Wein!
Geboren in freiem Lande,
Verschmähst du knechtische Bande,
Und wenn dich der trotzige Stöpsel engt,
So wird er knallend zur Decke gesprengt.
Champagner,
Du freier Wein,
Sollst fürder und fürder mein Liebling sein.

Champagner,
Du Freundschaftswein!
Sobald deine Geister erscheinen,
Muß sich das Entzweite vereinen.
Ein jeder den Nachbar als Freund umschlingt
Und jubelnd mit ihm in den Chorus singt:
Champagner,
Du Götterwein,
Sollst ewiglich unser Liebling sein.

Heinrich Heine

Der neue Alexander

1

Es ist ein König in Thule, der trinkt
Champagner, es geht ihm nichts drüber;
Und wenn er seinen Champagner trinkt,
Dann gehen die Augen ihm über.

Die Ritter sitzen um ihn her,
Die ganze Historische Schule;
Ihm aber wird die Zunge schwer,
Es lallt der König von Thule:

»Als Alexander, der Griechenheld,
Mit seinem kleinen Haufen
Erobert hatte die ganze Welt,
Da gab er sich ans Saufen.

Ihn hatten so durstig gemacht der Krieg
Und die Schlachten, die er geschlagen;
Er soff sich zu Tode nach dem Sieg,
Er konnte nicht viel vertragen.

Ich aber bin ein stärkerer Mann
Und habe mich klüger besonnen:
Wie jener endete, fang ich an,
Ich hab mit dem Trinken begonnen.

Im Rausche wird der Heldenzug
Mir später weit besser gelingen;
Dann werde ich, taumelnd von Krug zu Krug,
Die ganze Welt bezwingen.«

2

Da sitzt er und schwatzt, mit lallender Zung',
Der neue Alexander;
Den Plan der Welteroberung,
Den setzt er auseinander:

»Lothringen und Elsaß, das weiß ich längst,
Die fallen uns zu von selber;
Der Stute folgt am End' der Hengst,
Es folgen der Kuh die Kälber.

Mich lockt die Champagne, das beßre Land,
Wo jene Reben sprießen,
Die lieblich erleuchten unsern Verstand
Und uns das Leben versüßen.

Hier soll sich erproben mein Kriegesmut,
Hier soll der Feldzug beginnen;
Es knallen die Pfropfen, das weiße Blut
Wird aus den Flaschen rinnen.

Hier wird mein junges Heldentum
Bis zu den Sternen moussieren!
Ich aber verfolge meinen Ruhm,
Ich will auf Paris marschieren.

Dort vor der Barriere mach ich halt,
Denn vor den Barrierepforten,
Da wird kein Oktroi bezahlt
Für Wein von allen Sorten.«

3

»Mein Lehrer, mein Aristoteles,
Der war zuerst ein Pfäffchen
Von der französischen Kolonie,
Und trug ein weißes Beffchen.

Er hat nachher als Philosoph
Vermittelt die Extreme,
Und leider Gottes! hat er mich
Erzogen nach seinem Systeme.

Ich ward ein Zwitter, ein Mittelding,
Das weder Fleisch noch Fisch ist,
Das von den Extremen unserer Zeit
Ein närrisches Gemisch ist.

Ich bin nicht schlecht, ich bin nicht gut,
Nicht dumm und nicht gescheute,
Und wenn ich gestern vorwärts ging,
So geh ich rückwärts heute;

Ein aufgeklärter Obskurant,
Und weder Hengst noch Stute!
Ja, ich begeistre mich zugleich
Für Sophokles und die Knute.

Herr Jesus ist meine Zuversicht,
Doch auch den Bacchus nehme
Ich mir zum Tröster, vermittelnd stets
Die beiden Götterextreme.«

Champagnerlied

Ein ächter deutscher Mann kann keinen Franzen leiden.
Doch ihre Weine trinkt er gern.
Brander im Göth. Faust.

Das ist für mich die beste Schlacht,
Wenn die Flaschen knallen,
Wenn die Stöpsel fallen,
Wenn es schnell wie Blut sich ergießet,
Wenn es hell wie Feuer fließet,
Wenn sich alle Händ' erheben,
Jedem Herz und Hand zu geben –
Stoßet an! stoßet an!
Das ist die schönste Schlacht der Welt,
Die einzige, die mir gefällt!
Unsre Feinde, ha! wir kennen sie nicht;
Gott geb' ihnen hier mehr Wärm' und Licht,
Daß es ihnen dort nicht dran gebricht.
Stoßet an! stoßet an!
Und wird von uns ja einer erschlagen,
Wir wollen ihn zu Grabe tragen
Mit einem Labetrank,
Mit einem Habedank:
Requiescat! requiescat!
Er hat es satt!
Und wünschen, daß der müde Streiter
Erwache morgen frisch und heiter.
Wir aber kämpfen immer weiter,
Bis die letzten Flaschen knallen,
Bis die letzten Stöpsel fallen –

VI

Aus einem Maul, das der Wein geöffnet,
kommen die seltsamsten Geschichten.
Sprichwort

Muttergottesgläschen

Es hatte einmal ein Fuhrmann seinen Karren, der mit Wein schwer beladen war, festgefahren, so daß er ihn trotz aller Mühe nicht wieder losbringen konnte. Nun kam gerade die Mutter Gottes des Weges daher, und als sie die Not des armen Mannes sah, sprach sie zu ihm »ich bin müd und durstig, gib mir ein Glas Wein, und ich will dir deinen Wagen frei machen.« »Gerne,« antwortete der Fuhrmann, »aber ich habe kein Glas, worin ich dir den Wein geben könnte.« Da brach die Mutter Gottes ein weißes Blümchen mit roten Streifen ab, das Feldwinde heißt und einem Glase sehr ähnlich sieht, und reichte es dem Fuhrmann. Er füllte es mit Wein, und die Mutter Gottes trank ihn, und in dem Augenblick ward der Wagen frei und der Fuhrmann konnte weiterfahren. Das Blümchen heißt noch immer Muttergottesgläschen.

Mauerkalk mit Wein gelöscht

Im Jahre 1450 wuchsen zu Österreich so saure Trauben, daß die meisten Bürgersleute den gekelterten Wein in die offene Straße ausschütteten, weil sie ihn seiner Herbheit halber nicht trinken mochten. Diesen Wein nannte man Reifbeißer; nach einigen, weil der Reif die Trauben verderbt, nach andern, weil der Wein die Dauben und Reife der Fässer mit seiner Schärfe gebissen hätte. Da ließ Friedrich III., römischer König, ein Gebot ausgehen, daß niemand so die Gabe Gottes vergießen solle, und wer den Wein nicht trinken möge, habe ihn auf den Stephanskirchhof zu führen, da solle der Kalk im Wein gelöscht und die Kirche damit gebaut werden.

Zu Glatz, gegen dem böhmischen Tor wärts, stehet ein alter Turm, rund und ziemlich hoch; man nennt ihn Heidenturm, weil er vor uralten Zeiten im Heidentum erbaut worden. Er hat starke Mauern und soll der Kalk dazu mit eitel Wein zubereitet worden sein.

Platz zum Wein

Als er einsmals mit einem Kavalier und einem Doktor in einen Keller voll Wein gieng, allwo der Kavalier gleich anfieng, das Wasser zu lassen, und den Doktor fragte, wie es doch komme, daß einem jeden die Natur gleich an diese Verrichtung erinnere, antwortet Simplicissimus, die sorgfältige Natur begehre, man soll Platz machen, den edlen Rebensaft zu logiern.

Warum eine Wirtstochter besonderen Wein kredenzte

Zu Hamburg auf dem Schiffer-Hause befinden sich allezeit allerhand Nationen, um neue Zeitungen einzunehmen und gute Weine zu trincken. Nun hatte der Wirth eine schöne Tochter, von welcher ein junger Freyherr sich rühmte, er habe sie genossen und von ihr erlanget, was sonsten billich eine Jungfrau niemand als ihrem Bräutigam mit dem Crantz der Ehren soll aufopffern. Der Jungfrau wird diese Ruhmredigkeit hinterbracht, die sie dissimulieret, und als der Baron wieder kommet, begegnet sie ihm sehr freundlich und fragt, was er für Wein verlange. Und nachdeme sie solches vernommen, bringet sie ihm in einem wohlgewaschenen Gläßlein von ihrem Urin, den sie hatte aufgehoben. So bald der Baron, in Meynung es seye ein Rheinischer Wein, solchen kostet, fragt er, was solches bedeute. Die Jungfrau gibt zur Antwort: »Der Herr Baron hat sich berühmt, er habe meines Fleisches genossen, welches erlogen ist. Aber anjetzo wird er mit Wahrheit sagen können, daß er von der Brühe gekostet hat.« Eine grosse Menge der Gästen lachte und muste der Baron mit dieser schimpflichen Auffwartung davon gehen, als wann ihn ein Hund gebissen hätte.

Wilhelm Müller

Der Nachtwächter

Hört, ihr Herrn, und laßt euch sagen:
Weil die Uhr hat Zehn geschlagen,
Laßt uns unsrer Rausche Zahl
Überschlagen auch einmal.
Will das Jahr, in dem wir leben,
Nicht die volle Zahl dir geben,
Trink' den zehnten heute dir,
Und du bist so gut, wie wir.

Hört, ihr Herrn, und laßt euch sagen:
Weil die Uhr hat Elf geschlagen,
Denkt doch an den Elferwein,
Und schenkt keinen schlechtern ein.
Denn der edle deutsche Elfer
Ist der wahre Seelenhelfer.
Elf! ihr Herrn, der Wächter spricht:
Höret und verzählt euch nicht!

Hört, ihr Herrn, und laßt euch sagen:
Weil die Uhr hat Zwölf geschlagen,
Und zur Neige geht der Tag,
Seht auf euren Tischen nach,
Ob sich hier und da nicht zeigen
Volle Flaschen oder Neigen.
Alle müssen sein geleert,
Eh' der Wächter wiederkehrt.

Hört, ihr Herrn, und laßt euch sagen:
Weil die Uhr hat Eins geschlagen,
Und der neue Tag beginnt,

Holet neuen Wein geschwind,
Und erwählt euch einen Andern,
Mit dem Horn umher zu wandern.
Guten Morgen! Guten Tag!
Meine Uhr geht immer nach.

Friedrich von Hagedorn

Die Helden

Der Aerzte Haubt, die sich zu Pferde zeigen,
Ein Chiron sprach zum durstigen Achill:
Der Thetis sei das Wassertrinken eigen!
Ihr Sohn trinkt Wein, wenn er mir folgen will.

Ihm folgt' Achill und leerte ganze Schläuche
Auf Brüderschaft mit andern Helden aus.
Geweihter Wein floß auf Patroclus Leiche,
Noch bess'rer Wein floß beim Begräbniß-
schmaus.

War Calchas nicht ein hocherfahrner Zecher
Und, halb berauscht, ein Held im Prophezein?
Er trank, er rieth, er weissagt' aus dem Becher
Und fand, wie wir, die Wahrheit in dem Wein.

Was that Ulyß, der, durch ein Abenteuer,
Alcinous, zu deinem Jahrschmaus kam?
Der weise Mann erwärmte sich am Feuer,
Bis man auch ihn an deine Tafel nahm.

Als Telemach, den Vater aufzusuchen,
Zum Nestor kam und diesen räuchern sah,
Sprach Pylos Fürst: Trinkt zu den Opferkuchen
Den Priesterwein, aufs Wohl von Ithaca!

Kaum hatt' er sich nach Sparta hinbegeben,
So red'te dort ihn Menelaus an:
Willkommen, Prinz! versucht von unsern Reben!
Herrscht väterlich und trinkt als ein Tyrann!

Minerva rieth mit warnenden Geberden
Dem Telemach die wilde Trinksucht ab,
Und trank doch selbst, um nicht erkannt zu werden,
Die Stutzer aus, die ihr Atrides gab.

Cambyses dankt und opfert dir, o Sonne!
Nicht, weil dein Lauf durch Stier und Wage streift;
Er nannte dich die Stifterin der Wonne,
Nur weil durch dich die edle Traube reift.

In Spanien blieb, bei der Liebe Winken,
Ein Scipio dem süßen Wein getreu,
Und gab gar bald, ihn ungestört zu trinken,
Das schönste Kind der Kriegsgefangnen frei.

Roms Phocion, das Muster alter Strenge,
Auch Cato hat zu seinem Trunk gelacht.
Er heiligte, bei der Geschäfte Menge,
Den Tag dem Staat und seinem Wein die Nacht.

Fürst Hermann trank, wie deutsche Helden pflegen,
Wann Land und Hof und auch Thußnelde schlief,
Dem Morgenstern aus seinem Helm entgegen,
Eh' ihn der Tag in Feld und Lager rief.

Die Ritterschaft des Artus zu verbinden,
Ersann er selbst Getränke voller Kraft;
Die Königin, um gleichfalls zu erfinden,
Erfand, beim Spiel, des Königs Hahnreischaft.

Was that der Held, der einst mit Haut und Knochen
Sechs Pilger fraß, der Fürst Gargantua?
Er war kaum halb der Mutter Ohr entkrochen,
So rief er schon: Ist nichts zu trinken da?

Ludwig Uhland

Die Geisterkelter

Zu Weinsberg, der gepriesnen Stadt,
Die von dem Wein den Namen hat,
Wo Lieder klingen, schön und neu,
Und wo die Burg heißt Weibertreu:
Bei Weib und Wein und bei Gesang
Wär Luthern dort die Zeit nicht lang,
Auch fänd er Herberg und Gelaß
Für Teufel und für Dintenfaß,
Denn alle Geister wandeln da;
Hört! was zu Weinsberg jüngst geschah.

Der Wächter, der die Stadt bewacht,
Ging seinen Gang in jener Nacht,
In der ein Jahr zu Grabe geht
Und gleich ein andres aufersteht.
Schon warnt die Uhr zur Geisterzeit,
Der Wächter steht zum Ruf bereit:
Da, zwischen Warnen, zwischen Schlag,
Am Scheideweg von Jahr und Tag,
Hört er ein Knarren, ein Gebraus,
Genüber öffnet sich das Haus,
Es sinkt die Wand, im hohlen Raum
Erhebt sich stolz ein Kelterbaum,
Und um ihn dreht in vollem Schwung
Sich jauchzend, glühend Alt und Jung,
Und aus den Röhren, purpurhell,
Vollblütig, springt des Mostes Quell;
Ein sausend Mühlrad, tobt der Reihn,
Die Schaufeln treibt der wilde Wein.
Der Wächter weiß nicht, wie er tu,

Er kehrt sich ab, den Bergen zu:
Doch ob der dunkeln Stadt herein
Erglänzen die in Mittagsschein,
Des Herbstes goldner Sonnenstaub
Umwebt der Reben üppig Laub,
Und aus dem Laube blinkt hervor
Der Winzerinnen bunter Chor;
Den Trägern in den Furchen all
Wächst übers Haupt der Trauben Schwall,
Die Treterknaben sieht man kaum,
So spritzt um sie der edle Schaum.
Gelächter und Gesang erschallt,
Die Pritsche klatscht, der Puffer knallt.
Wohl senkt die Sonne jetzt den Lauf,
Doch rauschen Feuergarben auf
Und werfen Sterne, groß und licht,
Dem Abendhimmel ins Gesicht.
Da dröhnt der Hammer dumpf und schwer
Zwölfmal vom grauen Kirchturm her.
Der Jubel schweigt, der Glanz erlischt,
Die Kelter ist hinweggewischt,
Und aus der stillen Kammer nur
Glimmt eines Lämpchens letzte Spur.
Der Wächter aber singet schon
Das neue Jahr im alten Ton,
Doch fließet ihm wie Honigseim
Zum alten Spruch manch neuer Reim.
Er kündet froh und preiset laut,
Was ihm die Wundernacht vertraut,
Denn wann die Geisterkelter schafft,
Ist guter Herbst unzweifelhaft.

Da klopft's ihm auf die Schulter sacht,
Es ist kein Geist der Mitternacht;
Ein Zechgesell, der keinen glaubt,

Begrüßt ihn, schüttelnd mit dem Haupt:
»Der Most in deiner Kelter war
Vom alten, nicht vom neuen Jahr.«

Johann Wilhelm Ludwig Gleim

Die Fliege

Seht, Freunde, seht, die arme Fliege hier,
Beklagt, bejammert sie mit mir!
Sie sah den Wein in meinem Glase blinken;
Er lockte sie, zu ihm herab zu sinken,
Und auch, wie wir, Ambrosia zu trinken.
Sie sank herab,
Und fand ihr Grab,
Und trank den Tod, wo wir das Leben trinken.

Joseph Viktor von Scheffel

Perkêo

Das war der Zwerg Perkêo im Heidelberger Schloß,
An Wuchse klein und winzig, an Durste riesengroß.

Man schalt ihn einen Narren, er dachte: »Liebe Leut',
Wärt ihr wie ich doch alle feuchtfröhlich und gescheut!«

Und als das Faß, das große, mit Wein bestellet war,
Da ward sein künftiger Standpunkt dem Zwergen völlig klar.

»Fahr' wohl«, sprach er, »o Welt, du Katzenjammertal,
Was sie auf dir hantieren, ist Wurst mir und egal!

Um lederne Ideen rauft man manch heißen Kampf,
Es ist im Grund doch alles nur Nebel, Rauch und Dampf.

Die Wahrheit liegt im Weine. Beim Weinschlurf sonder End'
Erklär' ich alter Narre fortan mich permanent.«

Perkêo stieg zum Keller; er kam nicht mehr herfür
Und sog bei fünfzehn Jahre am rheinischen Malvasier.

War's drunten auch stichdunkel, ihm strahlte inneres Licht,
Und wankten auch die Beine, er trank und murrte nicht.

Als er zum Faß gestiegen, stand's wohlgefüllt und schwer,
Doch als er kam zu sterben, klang's ausgesaugt und leer.

Da sprach er fromm: »Nun preiset, ihr Leute, des Herren Macht,
Die in mir schwachem Knirpse so Starkes hat vollbracht:

Wie es dem kleinen David gegen Goliath einst gelang,
Also ich arm' Gezwerge den Riesen Durst bezwang.

Nun singt ein De Profundis, daß das Gewölb' erdröhnt,
Das Faß steht auf der Neige, ich falle sieggekrönt.«

... Perkêo ward begraben. – Um seine Kellergruft
Beim leeren Riesenfasse weht heut noch feuchte Luft,

Und wer als frommer Pilger frühmorgens ihr genaht:
Weh' ihm! Als Weinvertilger durchtobt er nachts die Stadt.

Josef Viktor von Scheffel

Die Pfändung

Und wieder saß beim Weine
Im Waldhorn ob der Bruck
Der Herr vom Rodensteine
Mit schwerem Schluck und Gluck.

Der Wirt sprach tief in Trauer:
»Daß Gott sich mein erbarm'!
Der sitzt wie eine Mauer
Und trinkt mich nächstens arm.

Wie soll das all noch enden?
Kein' Pfennig gibt er her …
Ich glaub', ich laß ihn pfänden,
Sonst weicht er mir nicht mehr!«

Der Fronvogt samt dem Büttel
Kam handfest an im Horn:
»Heraus den Sammetkittel,
Die Stiefel und die Spor'n.

Heraus des Mantels Zierde,
Handschuh und Zobelhut!
Verfallen diesem Wirte
Ist all Eu'r Hab und Gut!«

Da lacht der Rodensteiner:
»Nur zu! … wie wird mir wohl!
'S trinkt leichter sich und feiner
Im Unterkamisol!

Und bis Ihr mir die Kehlen
Könnt pfänden aus dem Hals,
Werd' ich noch manchen quälen
Der Wein schenkt in Kurpfalz!«

Wilhelm Müller

Selbstgenügsamkeit des Zechers

Wenn ich trinke guten Wein,
Fällt es mir mit nichten ein,
Über dieser Erde Schranken
Aufzuschwingen die Gedanken,
Und zu schaun in blaue Fernen
Nach des ew'gen Ruhmes Sternen.
Wenn ich trinke guten Wein,
Will ich nicht im Himmel sein.

Wißt ihr von dem Phaeton,
Phöbus naseweisem Sohn,
Der auf seines Vaters Wagen
Wollte durch den Himmel jagen?
Jupiter mit seinem Blitze
Schmettert' ihn vom Kutschersitze
Häuptlings in den Po hinab,
Und das Wasser ward sein Grab.

Anders ging es nicht dem Kind,
Das aus Kreta's Labyrinth
Wollt' auf seinen eitlen Schwingen
Grad' empor zur Sonne dringen.
Bald zerschmolz das Wachsgefieder,
Und der Vogel stürzte nieder:
In des Meeres bittrer Fluth
Büßt' er seinen tollen Muth.

Phaeton und Ikarus,
Du im Meer, und du im Fluß,
Hättet ihr hübsch Wein getrunken,

Nimmer wäret ihr gesunken
Von dem hohen Himmelsbogen
In die tiefen Wasserwogen:
Die da trinken guten Wein,
Wollen nicht im Himmel sein.

Wenn ich trinke guten Wein,
Fällt mir oft eur Schicksal ein,
Und ich blick' als frommer Zecher
Nieder in den engen Becher,
Nicht empor nach Ehrensternen,
Nicht hinaus in blaue Fernen:
Wenn ich trinke guten Wein,
Mein' ich, was ich will, zu sein.

Gottfried August Bürger

Münchhausens sechstes See-Abenteuer

Nach Endigung der ägyptischen Reisegeschichte wollte der Baron aufbrechen und zu Bette gehen, gerade als die erschlaffende Aufmerksamkeit jedes Zuhörers bei Erwähnung des großherrlichen Harems in neue Spannung geriet. Sie hätten gar zu gern noch etwas von dem Harem gehört. Da aber der Baron sich durchaus nicht darauf einlassen und gleichwohl der mit Bitten auf ihn losstürmenden munteren Zuhörerschaft nicht alles abschlagen wollte, so gab er noch einige Stückchen seiner merkwürdigen Dienerschaft zum besten und fuhr in seiner Erzählung also fort:

Bei dem Großsultan galt ich seit meiner ägyptischen Reise alles in allem. Seine Hoheit konnten gar ohne mich nicht leben, und baten mich jeden Mittag und Abend bei sich zum Essen. Ich muß bekennen, meine Herren, daß der türkische Kaiser unter allen Potentaten auf Erden den delikatesten Tisch führt. Jedoch ist dies nur von den Speisen, nicht aber von dem Getränke zu verstehen, da, wie Sie wissen werden, Mohammeds Gesetz seinen Anhängern den Wein verbietet. Auf ein gutes Glas Wein muß man also an öffentlichen türkischen Tafeln Verzicht tun. Was indessen gleich nicht öffentlich geschieht, das geschieht doch nicht selten heimlich; und des Verbots ungeachtet weiß mancher Türke so gut als der beste deutsche Prälat, wie ein gutes Glas Wein schmeckt. Das war nun auch der Fall mit Seiner türkischen Hoheit. Bei der öffentlichen Tafel, an welcher gewöhnlich der türkische Generalsuperintendent, nämlich der Mufti, *in partem Salarii* mitspeisete und vor Tische das *Aller Augen* – nach Tische aber das *Gratias* beten mußte, wurde des Weines auch nicht mit einer einzigen Silbe gedacht. Nach aufgehobener Tafel aber wartete auf Seine Hoheit gemeiniglich ein gutes Fläschchen im Kabinette. Einst gab der Großsultan mir einen verstohlenen freundlichen Wink, ihm in sein Kabinett zu folgen.

Als wir uns nun daselbst eingeschlossen hatten, holte er aus einem Schränkchen eine Flasche hervor, und sprach: »Münchhausen, ich weiß, ihr Christen versteht euch auf ein gutes Glas Wein. Da habe ich noch ein einziges Fläschchen Tokayer. So delikat müßt Ihr ihn in Eurem Leben nicht getrunken haben.« Hierauf schenkten Seine Hoheit sowohl mir als sich eins ein und stießen mit mir an. – »Nun, was sagt Ihr? Gelt! es ist was Extrafeines?« – »Das Weinchen ist gut, Ihro Hoheit,« erwiderte ich; »allein mit Ihrem Wohlnehmen muß ich doch sagen, daß ich ihn in Wien beim hochseligen Kaiser Karl dem Sechsten weit besser getrunken habe. Potz Stern! den sollten Ihro Hoheit einmal versuchen.« – »Freund Münchhausen, Euer Wort in Ehren, allein es ist unmöglich, daß irgend ein Tokayer besser sei. Denn ich bekam einst nur dies eine Fläschchen von einem ungarischen Kavalier, und er tat ganz verzweifelt rar damit.« – »Possen, Ihro Hoheit! Tokayer und Tokayer ist ein großmächtiger Unterschied. Die Herren Ungarn überschenken sich eben nicht. Was gilt die Wette, so schaffe ich Ihnen in Zeit einer Stunde gerades Weges und unmittelbar aus dem kaiserlichen Keller eine Flasche Tokayer, die aus ganz anderen Augen sehen soll.« – »Münchhausen, ich glaube, Ihr faselt.« – »Ich fasele nicht. Gerades Weges aus dem kaiserlichen Keller in Wien schaffe ich Ihnen in Zeit von einer Stunde eine Flasche Tokayer von einer ganz anderen Nummer als dieser Krätzer hier.« – »Münchhausen, Münchhausen! Ihr wollt mich zum besten haben, und das verbitte ich mir. Ich kenne Euch zwar sonst als einen überaus wahrhaften Mann, allein – jetzt sollte ich doch fast denken, Ihr flunkertet.« – »Ei nun, Ihro Hoheit! Es kommt ja auf die Probe an. Erfülle ich nicht mein Wort – denn von allen Aufschneidereien bin ich der abgesagteste Feind, – so lassen Ihro Hoheit mir den Kopf abschlagen. Allein mein Kopf ist kein Pappenstiel. Was setzen Sie mir dagegen?« – »Topp! ich halte Euch beim Worte. Ist auf den Schlag vier nicht die Flasche Tokayer hier, so kostet's Euch ohne Barmherzigkeit den Kopf. Denn foppen lasse ich mich auch von meinen besten Freunden nicht. Besteht Ihr aber, wie Ihr versprecht, so könnet Ihr aus meiner Schatzkammer so viel an Gold, Silber, Perlen und Edelgesteinen nehmen, als der stärkste Kerl davon zu schleppen vermag.« – »Das läßt sich hören!« antwortete ich, bat mir gleich Feder und Tinte aus, und schrieb an die Kaiserin-Königin Maria Theresia folgendes Billett:

»Ihre Majestät haben unstreitig als Universalerbin auch Ihres höchstseligen Herrn Vaters Keller mitgeerbt. Dürfte ich mir wohl durch Vorzeigern dieses eine Flasche von dem Tokayer ausbitten wie ich ihn bei Ihrem Herrn Vater oft getrunken habe? Allein von dem besten! Denn es gilt eine Wette. Ich diene gern dafür wieder, wo ich kann, und beharre übrigens u.s.w.«

Dies Billett gab ich, weil es schon fünf Minuten über drei Uhr war, nur sogleich offen meinem Läufer, der seine Gewichte abschnallen und sich unverzüglich auf die Beine nach Wien machen mußte. Hierauf tranken wir, der Großsultan und ich, den Rest von seiner Flasche, in Erwartung des besseren, vollends aus. Es schlug ein Viertel, es schlug Halb, es schlug drei Viertel auf Vier, und noch war kein Läufer zu hören und zu sehen. Nachgerade, gestehe ich, fing mir an ein wenig schwül zu werden; denn es kam mir vor, als blickten Seine Hoheit schon bisweilen nach der Glockenschnur, um nach dem Scharfrichter zu klingeln. Noch erhielt ich zwar Erlaubnis, einen Gang hinaus in den Garten zu tun, um frische Luft zu schöpfen, allein es folgten mir auch schon ein paar dienstbare Geister nach, die mich nicht aus den Augen ließen. In dieser Angst, und als der Zeiger schon auf fünfundfünfzig Minuten stand, schickte ich noch geschwind nach meinem Horcher und Schützen. Sie kamen unverzüglich an, und der Horcher mußte sich platt auf die Erde niederlegen, um zu hören, ob nicht mein Läufer endlich ankäme. Zu meinem nicht geringen Schrecken meldete er mir, daß der Schlingel irgendwo, allein weit weg von hier, im tiefsten Schlafe läge und aus Leibeskräften schnarchte. Dies hatte mein braver Schütze nicht so bald gehört, als er auf eine etwas hohe Terrasse lief, und, nachdem er sich auf seinen Zehen noch mehr emporgereckt hatte, hastig ausrief: »Bei meiner armen Seele! Da liegt der Faulenzer unter einer Eiche bei Belgrad und die Flasche neben ihm. Wart! Ich will dich aufkitzeln.« – Und hiermit legte er unverzüglich seine Kuchenreutersche Flinte an den Kopf und schoß die volle Ladung oben in den Wipfel des Baumes. Ein Hagel von Eicheln, Zweigen und Blättern fiel herab auf den Schläfer, erweckte und brachte ihn, da er selbst fürchtete, die Zeit beinahe verschlafen zu haben, dermaßen geschwind auf die Beine, daß er mit seiner Flasche und einem eigenhändigen Billett von Maria Theresia um 59 1/2 Minuten auf vier Uhr vor des Sultans Kabinette anlangte. Das war ein Gaudium! Ei, wie schlürfte das großherrliche Leckermaul! – »Münchhausen,« sprach er, »Ihr müßt es mir nicht übelnehmen, wenn ich diese Flasche für mich allein behalte. Ihr steht in Wien besser als ich! Ihr werdet schon an noch mehr zu kommen wissen.« – Hiermit schloß er die Flasche in sein Schränkchen, steckte den Schlüssel in die Hosentasche und klingelte nach dem Schatzmeister. – O welch ein angenehmer Silberton meinen Ohren! – »Ich muß Euch nun die Wette bezahlen. – Hier!« sprach er zum Schatzmeister, der ins Zimmer trat – »laßt meinem Freund Münchhausen so viel aus der Schatzkammer verabfolgen, als der stärkste Kerl wegzutragen vermag.« Der Schatzmeister neigte sich vor seinem Herrn bis mit der Nase zur Erde, mir aber schüttelte der Großsultan ganz treuherzig die Hand, und so ließ er uns beide gehen.

Ich säumte nun, wie Sie denken können, meine Herren, keinen Augenblick, die erhaltene Assignation geltend zu machen, ließ meinen Starken mit seinem langen hänfenen Stricke kommen, und verfügte mich in die Schatzkammer. Was da mein Starker, nachdem er sein Bündel geschnürt hatte, übrig ließ, das werden Sie wohl schwerlich holen wollen. Ich eilte mit meiner Beute geradesweges nach dem Hafen, nahm dort das größte Lastschiff, das zu bekommen war, in Beschlag und ging wohlbepackt mit meiner ganzen Dienerschaft unter Segel, um meinen Fang in Sicherheit zu bringen, ehe was Widriges dazwischen kam. Was ich befürchtet hatte, das geschah. Der Schatzmeister hatte Tür und Tor von der Schatzkammer offen gelassen – und freilich war's nicht groß mehr nötig, sie zu verschließen – war über Hals und Kopf zum Großsultan gelaufen und hatte ihm Bericht abgestattet, wie vollkommen wohl ich seine Assignation genutzt hatte. Das war denn nun dem Großsultan nicht wenig vor den Kopf gefahren. Die Reue über seine Übereilung konnte nicht lange ausblieben. Er hatte daher gleich dem Großadmiral befohlen, mit der ganzen Flotte hinter mir her zu eilen und mir zu insinuieren, daß wir so nicht gewettet hätten. Als ich daher noch nicht zwei Meilen weit in See war, so sah ich schon die ganze türkische Kriegsflotte mit vollen Segeln hinter mir herkommen, und ich muß gestehen, daß mein Kopf, der kaum wieder fest geworden war, nicht wenig von neuem anfing zu wackeln. Allein nun war mein Windmacher bei der Hand und sprach: »Lassen sich Ihro Exzellenz nicht bange sein!« Er trat hierauf auf das Hinterverdeck meines Schiffes, so daß sein eines Nasenloch nach der türkischen Flotte, das andere aber auf unsere Segel gerichtet war, und blies eine so hinlängliche Portion Wind, daß die Flotte, an Masten, Segel und Tauwerk gar übel zugerichtet, nicht nur bis in den Hafen zurückgetrieben, sondern auch mein Schiff in wenigen Stunden glücklich nach Italien getrieben ward. Von meinem Schatze kam mir jedoch wenig zu gute. Denn in Italien ist, trotz der Ehrenrettung des Herrn Bibliothekar Jagemann in Weimar, Armut und Bettelei so groß, und die Polizei so schlecht, daß ich erstlich, weil ich vielleicht eins allzu gutwillige Seele bin, den größten Teil an die Straßenbettler ausspenden mußte. Der Rest aber wurde mir auf meiner Reise nach Rom, auf der geheiligten Flur von Loretto, durch eine Bande Straßenräuber abgenommen. Das Gewissen wird diese Herren nicht sehr darüber beunruhigt haben. Denn ihr Fang war noch immer so ansehnlich, daß um den tausendsten Teil die ganze honette Gesellschaft sowohl für sich als ihre Erben und Erbnehmer auf alle vergangene und zukünftige Sünden vollkommenen Ablaß, selbst aus der ersten und besten Hand in Rom, dafür erkaufen konnte. –

Nun aber, meine Herren, ist in der Tat mein Schlafstündchen da. Schlafen Sie wohl!

Joseph Viktor von Scheffel

Der Fünfündsechziger

In luftiger Trinkkemenaten
– Den Ort gesteht man nicht ein –
Da prüften drei späte Nomaden
Den edelsten pfälzischen Wein.
Aus rötlichen Römern erblinkte
Des Rieslings feinperlendes Gold,
Des Höhensaums Rebgeländ' winkte
Im Mondschein den Trinkenden hold.

Der erste, ein weitum gereister
Philologus, spitzte den Mund:
»Das kochten uns Erdfeuergeister
Mit Äther und Sonne im Bund.
Drum flutet's und glutet im Becher
Geistfunkelnd, sanftrhythmisch und voll,
Als sängen homerische Zecher
Ein jonisches Kneiplied in Moll.«

Der zweite, ein trockener Kenner
Und Deuter des römischen Rechts:
»Proficiat«, sprach er, »ihr Männer,
Wir läppern allhiero nichts Schlechts.
Wer schaut nicht, wenn bacchisches Donum
So goldklar im Kelchglase scheint,
Das Justum, Aequum et Bonum
In diesem Römer vereint?«

Der dritte, der putzte die Lichter,
Die mächtig heruntergebrannt,
Und sprach: »Zwar bin ich kein Dichter

Und kunstlos und schlicht von Verstand;
Doch nähert sich solch einem Schoppen
Mein Herz … dann überwallt's …
's is halt e verflucht feiner Troppen,
Ich segne die Hügel der Pfalz!«

Derweilen ging draus auf dem Damme
Spießtragend ein vierter vorbei,
Der blies eine wundersame
Gewaltige Melodei:
»Ihr Herren, und lasset Euch sagen,
Die Stadtgemeinde braucht Schlaf,
Die Glocke hat eilf Uhr geschlagen,
Wer jetzt nicht zu Bett geht, zahlt Straf.«

Achim von Arnim

Rheinisches Bundeslied

Das Faß ist nun gebunden;
Viel Schläge hat's empfunden,
Doch ging es immer recht im Takt
Bis es sich krumm gebogen hat.
  Das Faß ist nun gebunden.

Die Dauben sind gehauen;
Wollt ihr die Stubben schauen
Von Eichen alt wie's deutsche Reich?
Sonst ist der Grund nun kahl und gleich.
  Die Dauben sind gehauen.

In Eisen ist's gebunden;
Der Eichbaum ist verschwunden.
Das deutsche Reich stand schön und stolz,
Viel grüne Blätter trug das Holz.
  In Eisen ist's gebunden.

Im Holz viel Vöglein sangen;
Seit Beil und Axt erklangen –
»Wo ist mein Kind, wo ist mein Haus?
Franzosen nahmen Alles aus.«
  Die Vöglein flüsternd sangen.

Der Böttcher, der's geschlagen,
Will nicht mehr viel nachfragen.
Er band es für die Langeweil.
Zu Brennholz braucht er's bald in Eil,
  Der Böttcher, der's geschlagen.

Wir wollen mal dran schlagen,
Ob es recht voll im Magen!
Das große Faß, es klingt so hohl,
Als wenn es bald der Teufel hol, –
  Wir wollen mal dran schlagen!

Für Fremde hängt zum Scheine
ein Anker drin mit Weine;
Das große Faß wird schon so spack,
Der schlechte Bund läßt balde nach;
  Grün war das Holz vom Rheine.

Zu Frankfurt steht's im Stillen,
Der Rhein, der soll's noch füllen;
Drum heißt es auch der Rheinsche Bund.
Es kräht danach nicht Hahn noch Hund!
  Zu Frankfurt steht's im Stillen.

Der Rhein trägt ächte Trauben,
Franzosen auch dran glauben;
Ganz höflich schneiden Deutsche ein,
Ganz gröblich trinken sie den Wein.
  Der Rhein trägt ächte Trauben.

So geht's dem Bund am Rheine,
So geht es mit dem Weine.
Der fromme Deutsche ist das Faß,
Woraus der Franzmann trinkt zum Spaß, –
  So geht's dem Faß am Rheine!

Der Primas sich drauf setzet,
Und seine Kehle netzet;
Wenn ihm der Franzmann giebt 'nen Tritt
So tröstet er sich gleich damit,
  Daß er sich ruhig setzet.

Der Böttcher ist Protekter,
Er spricht zu ihm als Rekter:
Ei sag doch an, mein lieber Sohn,
Das Faß ist nicht gemacht zum Thron.
    Ich schlag dich hinunter mit dem Zepter

ADELBERT VON CHAMISSO

Ein französisches Lied

Und sitz' ich am Tische beim Glase Wein,
Trink aus!
Und stimmen auch wacker die Freunde mit ein,
Trink aus!
So geht mir zu Herzen das Heil der Welt:
's ist gar zu erbärmlich damit auch bestellt,
Trink aus, trink aus, trink aus!
Es treiben's die Leute zu kraus!

Ich sollte nur tragen der Herrschaft Last,
Trink aus!
Es stünde bald anders und besser fast.
Trink aus!
Die Presse zuerst und die Wahlen frei,
Die Presse, sie dient mir als Polizei.
Trink aus, trink aus, trink aus!
Es treiben's die Leute zu kraus!

Wann erst in dem Hause Vertrauen besteht,
Trink aus!
Geht alles selbst, was nimmer sonst geht.
Trink aus!
Wir schaffen uns bald vor den Mönchen Ruh',
Wir schicken die frommsten dem Chaves zu.
Trink aus, trink aus, trink aus!
Es treiben's die Leute zu kraus!

Es mögen die Städte verwalten sodann –
Trink aus!
Die eig'nen Geschäfte, es geht sie nur an.

Trink aus!
Regieren nur wenig, das Wenige gut,
Das hab' ich der Ruhe halber geruht.
Trink aus, trink aus, trink aus!
Es treiben's die Leute zu kraus!

Und merkt euch, ihr Freunde, wie trefflich es schafft!
Trink aus!
Die Liebe der Völker, da lieget die Kraft,
Trink aus!
Wie klingen die Gläser in heiliger Lust,
Wie schallt das Gebet mir aus jeglicher Brust.
Trink aus, trink aus, trink aus!
Der König hoch und sein Haus!

Sind aber die Gläser und Flaschen erst leer,
Zu Bett!
Dann werden der Kopf und die Zunge mir schwer,
Zu Bett!
Mein Weib wird mich schelten, mein Herrschen ist aus,
Ich schleiche mich leise, ganz leise nach Haus,
Zu Bett, zu Bett, zu Bett!
Daß sie den Pantoffel nicht hätt'!

August Heinrich Hoffmann von Fallersleben

Klagelied

Wann einst die Flaschen größer werden,
Wann einst wohlfeiler wird der Wein,
Dann findet sich vielleicht auf Erden
Die goldne Zeit noch einmal ein.

Doch nicht für uns! uns ist geboten
In allen Dingen Nüchternheit –
Die goldne Zeit gehört den Todten,
Und uns nur die papierne Zeit.

Ach! kleiner werden unsre Flaschen,
Und täglich theurer wird der Wein,
Und leerer wird's in unsern Taschen –
Gar keine Zeit wird bald mehr sein.

Rudolf Baumbach

Wein her!

Merkt auf! Ich weiß ein neu Gedicht
Von einer hohen Schule,
Und wenn sie liegt am Neckar nicht,
So suchet sie in Thule.
Dort schwingt den Becher jung und alt,
Die Knaben, Männer, Greise,
Und tausendstimmig hallt und schallt
Die alte hehre Weise:
»Die Welt ist rund und muß sich dreh'n,
Was oben war, muß unten steh'n.
Wein her!«

Einst sprach der Rektor kummerschwer:
»Es will mich fast bedünken,
Als ob die Herrn Studenten mehr,
Als ihnen ziemet, trinken.
Laßt's Eure Sorge sein, Pedell,
Daß Maß die Jugend halte!«
Da eilte der Getreue schnell
Zur Schenke, wo es schallte:
»Die Welt ist rund und muß sich dreh'n
Was oben war, muß unten steh'n.
Wein her!«

Es rann das große Ausstichfaß
Im Schank zum goldnen Löwen;
Der Boden und der Tisch war naß
Vom edeln Blut der Reben.
Der Herr Pedell kam, sah und trank
Erst Neuen und dann Alten,

Bis schwer das Haupt ihm nieder sank
Und seine Lippen lallten:
»Die Welt ist rund und muß sich dreh'n,
Was oben war, muß unten steh'n.
Wein her!«

Tags drauf der Rektor zürnend sprach:
»Auch Ihr zählt zu den Toren;
Jetzt geht und ruft in mein Gemach
Die Herren Professoren.« –
»Ihr werten Herrn, nun steht mir bei,
Den uns vertrauten Seelen
Zu legen Suff und Völlerei
Und das verwünschte Gröhlen:
Die Welt ist rund und muß sich dreh'n,
Was oben war, muß unten steh'n.
Wein her!«

Es saßen bis nach Mitternacht
Beisammen die Hochweisen,
Und weil das Sprechen durstig macht,
Ließ man den Becher kreisen;
Und als der Herr Pedell sein Ohr
Genäh'rt der Türe Spalte,
Fuhr er mit freud'gem Schreck empor,
Dieweil es drinnen schallte:
»Die Welt ist rund und muß sich dreh'n,
Was oben war, muß unten steh'n.
Wein her!«

Es war den Herrn am nächsten Tag
Im Kopfe etwas öde.
Von Schwelgerei und Zechgelag
War weiter nicht die Rede.
Studenten trinken und Senat

Seitdem in gleicher Weise,
Und himmelwärts schallt's früh und spat
Aus lust'ger Zecher Kreise:
»Die Welt ist rund und muß sich dreh'n,
Was oben war, muß unten steh'n.
Wein her!«

Sie stritten sich beim Wein herum

Sie stritten sich beim Wein herum,
Was das nun wieder wäre;
Das mit dem Darwin wär gar zu dumm
Und wider die menschliche Ehre.

Sie tranken manchen Humpen aus,
Sie stolperten aus den Türen,
Sie grunzten vernehmlich und kamen zu Haus
Gekrochen auf allen vieren.

Otto Julius Bierbaum

Die Legende vom Hadernburger Wein

Für Frau Lisette Stremel
zur Erinnerung an die Eppaner Zeit

Christoph Patzeber ein Bauer war,
Der hat getrunken wunderbar
Von ururalten Weinen;
Die waren gelb wie Oel und klar,
Er hat getrunken über ein Jahr,
Mit ihm sein Weib und die Seinen.

Er kam dazu, wußte selbst nicht wie,
Und eure ganze Philosophie,
Die wirds auch nicht erklären.
Schaut nur und hört wies ihm geschah:
Er ging halt hin, und der Wein war da;
So sind die alten Mären.

Christoph Patzeber in einer Nacht
Hat sich mal auf den Weg gemacht,
Wollte nach Wälschmichel gehen.
Da führte was ihn in die Quer,
Nach Wälschmichel kam er nicht mehr,
Denn er hat Wein gesehen.

Wein! Achtzehn Faß mit Hahn und Krahn
Sahn ihn wie achtzehn Augen an
Recht freundlich und mit Winken.
Sie lagen in einem Keller tief,
In den hell eine Treppe lief;
Patzeber, der thät trinken.

Sakra! das schmeckt! Doch aus der Hand
Den Wein zu trinken ist Sünd und Schand.
Was giebts da zu besinnen!
Christoph holt sich zwei Flaschen groß,
Steigt wiederum in das alte G'schloß
Und läßt voll Wein sie rinnen.

Gemächlich will er wieder gehn,
Da sieht Weißbärte drei er stehn,
Die haben nichts in Händen
Als eine Tafel und Kreide weiß,
Es wird ihm eisig bald, bald heiß:
Jesus! wie wird das enden!

Hebt drum zu vaterunsern an;
Da tröstet ihn der ältste Mann:
Wir thun dir nichts zu leide!
Hol Wein dir nur, so oft du willst,
Es schreibt nicht auf, wie oft du füllst
Das Flaschenpaar, die Kreide.

Patzebern dünkt das wunderbar,
Doch angenehm. Ein ganzes Jahr
Hat er mit allen Seinen
Tagtäglich sich gefüllt aufs neu
Die Flaschen ohne Reu und Scheu
Mit Hadernburger Weinen.

(Denn in der Hadernburg geschah
Die seltsame Historia.
Ist bei Salurn gelegen;
Dietrich von Bern hielt Hochzeit drin
Mit einer schönen Kurtaatscherin,
Der alte Niblungdegen.)

So trank er voller Freudigkeit,
Bis daß ein' hohe Obrigkeit
Dahinter ist gekommen.
Erbarmte sich der Seele sein
Und hat: woher, von wem der Wein,
Ihn ins Gebet genommen.

Ob er nicht gar vom Teufel wär?
Patzeber bracht die Flaschen her.
Sie kosteten gar schnelle:
Nicht aus Salurn ist dieser Wein,
Drum kann er nicht gestohlen sein,
Und schmeckt auch nicht nach Hölle.

Patzeber! Wo fließt dieser Quell?
Christoph bekannte auf der Stell,
Wo er den Wein thät finden.
So gehe hin und hol aufs neu,
Daß nochmals wir nach Pflicht und Treu
Behördlich ihn ergründen!

Patzeber lief. Doch sonderbar:
Wo gestern Trepp und Keller war,
Da gähnte schwarze Leere,
Und Schläge sausten hageldicht,
Patzeber fiel aufs Angesicht
Und fürchtete sich sehre.

Dann sah er tief, tief unter sich
Den lieben Keller; schauerlich
Saßen darin die dreie
Und murmelten in ihren Bart
Und kritzelten nach Kaufmannsart
Viel Ziffern Reih an Reihe.

Sprach dumpf der Aelteste: es stimmt!
Sein Nachbar ein Stück Kreide nimmt,
Durchstreicht die Ziffernreihen,
Daß es wie eine römsche Zehn
Oder ein Andreaskreuz zu sehn,
Mit dicken Strichen zweien.

Dann, als dies stumm geschehen war,
Zählte auf in Silbermünze bar
Der dritte dreißig Thaler,
Drückt sie Patzebern in die Hand,
Wimmert ein bißchen und verschwand.
Aufdämmerte ein fahler

Lichtschein, und durch die graue Luft
Zog hin und her ein Moderduft;
Patzebern wollt es scheinen,
Als ging ein Leichenzug vorbei;
Mit Fackeln sah er noch die drei
Und hörte leise weinen.

Weiß Gott, ihm war nicht wohlgemut,
Obwohl in seinem alten Hut
Die dreißig Thaler klangen.
Er lief davon wie hundsgejagt,
Mit Stottern hat er ausgesagt,
Was Grauens ihm ergangen.

Die Thaler gingen rundherum
Im hohen Ratskollegium,
Ob sie nach Schwefel röchen?
Nein, nein: sie waren blinkeblank
Und hatten keinerlei Gestank
Und klangen nicht nach Blechen.

Christliche Thaler! Gut und recht!
Doch Christoph hatte ausgezecht,
Er starb nach zehen Tagen;
Das hatte wohl die römische Zehn,
Die er in jener Nacht gesehn,
Vorkündend wollen sagen.

Nach Christoph hat in mancher Nacht
Manch Bauer sich noch aufgemacht,
Zu trinken alte Weine
Im Keller Dieterichs von Bern;
Ich selber thät es herzlich gern:
Indes, es fließen keine.

Die Obrigkeit ist schuld daran!
Ich klage die Salurner an,
Daß sie den Wein vertrieben.
Nun ist für jenen Malvasier
Zur Strafe ein recht saurer ihr,
Ihr eigner Wein verblieben.

Oh heilige Bureaukratie,
Vergiß der Märe Lehre nie:
Laß ferne deine Hände
Von Dingen wunderbarer Art!
Sonst seng dir saurer Wein den Bart!
Das ist der Märe Ende.

Gerhart Herrmann Mostar

Streiche des wieder fröhlichen Weingotts Dionysos

Dionysos, der arge Schalk,
Der zeigte einst der Circe,
Wie sie den Wein mit Teer und Kalk
Und Zwiebelscheiben würze.
Und wenn sie schließlich aus Prinzip
Noch Ziegenkäse drüberrieb,
Dann kamen, die das tranken,
Auf sinnliche Gedanken.

Dionysos, auf Scherz bedacht,
Der lehrte einst zu Theben
Das ganze Heer die ganze Nacht
Gewaltig einen heben,
Bis daß man dem, der Wache stand,
Den Mund mit einem Tuch verband –
Nur so, nach allen Dichtern,
Blieb ein Thebaner nüchtern.

Dionysos, der Göttersohn,
Saß, seinen Durst zu stoppen,
Dereinst im Städtchen Kolophon
Beim trauten Abendschoppen.
Doch weil, sobald die Stimmung steigt,
Des Abends Schoppen meist nicht reicht,
Erfand er ohne Mühe
Dazu noch den der Frühe.

Drum sah man nie im dort'gen Land,
Wo man sonst sehr genau war,
Die Sonne, wie sie kam und schwand,

Dieweil man ständig blau war:
Denn kam die Sonne morgens hoch,
War man's als Kolophonier noch,
Und sank sie abends nieder,
Dann war man es schon wieder.

Dionysos, der Späße liebt,
Ist so was zu vergeben;
Der Mensch, der sich im Denken übt,
Hat's ja gelernt im Leben:
Es steckt im Weine als Objekt
Viel Gutes – doch daneben steckt
Der Hang, von diesem Guten
Sich zu viel zuzumuten!

Kurt Kusenberg

Wein auf Lebenszeit

Schlimm, schlimm, schlimm: das Faß war leer – leer bis zum letzten Tropfen. Es war früher zur Neige gegangen als das Leben des alten Herrn Klontig, obwohl dieser sich vor dreizehn Jahren genau ausgerechnet hatte, es werde ihm und seinem Freund Rademann zeitlebens Wein spenden. Doch in der Rechnung stak ein arger Fehler: nämlich Herrn Klontigs Annahme, er werde mit siebenundsiebzig Jahren sterben. Inzwischen war er jedoch wohlbehalten in sein achtundsiebzigstes Jahr gelangt, und da die beiden Alten munter weitergezecht hatten, brauchten sie sich nicht zu wundern, daß aus dem Faß kein Wein mehr floß. Aus war es mit ihren fröhlichen Gelagen, bei denen Herr Klontig drei Liter Wein trank und sein Freund Rademann einen Liter mittrinken durfte! Aus mit ihren närrischen Gesprächen, ihrem lauten Gesang zur Nachtzeit! Ohne Wein wußten sie nicht zu feiern.

Traurig saßen die beiden Greise in Herrn Klontigs Keller, starrten auf das leere Faß und vermieden es, einander in die Augen zu schauen. Wie sollte ihr Leben weitergehen? Fürs Essen war gesorgt, am Familientisch, aber man gab ihnen kein bares Geld in die Hand, und just dessen hätte es nun bedurft, um Wein zu kaufen – für heute abend, für morgen abend und für alle kommenden Abende. Herr Klontig schalt sich einen Toren. Warum hatte er mit fünfundsechzig Jahren seinem Sohn Haus und Hof vermacht? Warum bloß ein Dachstübchen zum Wohnen und einen Keller zum Trinken für sich behalten? Wahrlich, er hatte sich vorzeitig selbst entmündigt.

»Ich werde mit meinem Sohn reden«, sprach Herr Klontig. »Er muß uns helfen, es ist seine Pflicht.«

Rademann schwieg dazu. Er wußte so gut wie Herr Klontig, daß dessen Sohn überaus sparsam war und zudem die Trinkgelage der alten Männer mißbilligte – schon allein wegen des Lärms, der ihm, seiner Frau und seinen sieben Töchtern die Nachtruhe schmälerte. Nie würde er Geld hergeben, um eine Gepflogenheit zu unterstützen, die er für ein Laster ansah.

»Ich gehe!« sprach Herr Klontig mit entschlossener Stimme. Da Rademann nichts erwiderte, verließ er den Keller, stieg ins erste Stockwerk und trat bei seinem Sohn ein.

»Wir haben nichts mehr zu trinken«, erklärte er. »Das Faß ist leer.«

Sein Sohn, der im Lehnstuhl ein Nickerchen gehalten hatte, blinzelte ihm müde zu: »Was geht das mich an?«

»Es geht dich sehr viel an, denn ich habe dir vor dreizehn Jahren meinen ganzen Besitz vermacht. Du bist also mein Schuldner. Darum wirst du mir ein neues Faß Wein kaufen, und zwar sogleich, damit wir heute abend etwas zu trinken haben.«

»Ich denke nicht daran«, erwiderte der Sohn. »Im Gegenteil, es freut mich, daß euer nächtliches Treiben im Keller endlich aufhört. Männer deines Alters sollten nicht trinken, sondern sich des Weines enthalten, Würde zeigen und in der Bibel lesen. Meine Töchter schämen sich deiner, man ruft ihnen auf der Straße nach, ihr Großvater sei ein Trunkenbold. Keinen Pfennig gebe ich her!«

Da drehte sich Herr Klontig auf der Stelle um, schritt hinaus und warf die Tür hinter sich zu. Seinem Freund Rademann die Niederlage zu melden, ging ihm wider den Stolz; darum entwarf er flugs einen anderen Plan. Er beschloß, den Weinhändler aufzusuchen, der ihm vor Zeiten das Faß Wein verkauft hatte. Erst unterwegs fiel ihm ein, daß jener inzwischen gestorben war. »Gleichviel!« sprach er bei sich. »Dann wende ich mich eben an seinen Sohn. Vielleicht beschämt er meinen Sohn.«

Der Weinhändler war ein freundlicher Mann. Er bot Herrn Klontig einen bequemen Sessel an, erkundigte sich nach seinem Befinden und – späterhin – nach seinen Wünschen.

»Ich habe«, begann Herr Klontig, »vor einiger Zeit bei Ihrem Vater ein Faß Wein gekauft.«

Der Weinhändler nickte. »Ich entsinne mich dessen. Aber es muß schon recht lange her sein, denn mein Vater ist vor elf Jahren gestorben.«

»Ein Weilchen mag es her sein«, gab Herr Klontig zu. »Ein kleines Weilchen – obwohl mir vorkommt, als sei es gestern gewesen. Alten Leuten vergeht die Zeit rasch.«

Wieder nickte der Weinhändler. »Man sagt es. Waren Sie mit dem Wein zufrieden? Möchten Sie ein neues Faß bestellen?«

»Nein«, erwiderte Herr Klontig, »ich war mit dem Wein durchaus nicht zufrieden. Ich möchte das Faß zurückgeben und an seiner Statt ein neues Faß erhalten.«

Dieses Mal nickte der Weinhändler nicht. »Ihre Beanstandung kommt ein wenig spät. Was fehlt dem Wein?«

»Er schmeckt säuerlich.«

»Das wundert mich. Vielleicht haben Sie ihn nicht richtig behandelt. Oder Ihr Geschmack hat sich geändert. Oder Sie sind ihn einfach leid geworden. Nun, wir werden den Fall untersuchen. Ich schicke Ihnen morgen meinen Kellermeister und lasse mir Bericht erstatten.«

»Es wird wenig Zweck haben«, entgegnete Herr Klontig, »denn das Faß ist leer.«

Der Weinhändler machte große Augen. »Wie?« rief er. »Sie haben das ganze Faß ausgetrunken, obwohl der Wein Ihnen nicht schmeckte? Und jetzt soll ich Ihnen für ein leeres ein volles Faß liefern?«

Herr Klontig sah den Anderen streng an. »Ich habe den Wein nicht getrunken – ich habe ihn probiert. Ich hielt es für möglich, daß er mir eines Tages schmecken werde, denn ich wollte ihn ungern zurückgeben, um Sie nicht zu kränken. Aber der Wein hat mir nicht geschmeckt. Er ist zu sauer, er bekommt mir nicht. Ob ich mich am Ende doch noch an ihn gewöhnt hätte, weiß ich nicht, denn er ist ja vorzeitig zur Neige gegangen.«

»Elf oder gar zwölf Jahre haben Sie den Wein probiert!« rief der Weinhändler. »Und erst jetzt kommen Sie darauf, daß er Ihnen nicht schmeckt?«

»Dreizehn Jahre lang«, berichtigte Herr Klontig.

»Der Eine merkt es gleich beim ersten Schluck, der Andere erst nach einem Faß. Die Menschen sind eben verschieden.«

Der Weinhändler begann zu lachen. »Sie sind ein Schelm, Herr Klontig! Der Wein hat Ihnen prächtig geschmeckt, Sie möchten ein neues Faß bestellen und kleiden Ihre Bestellung zum Scherz in ein Narrengewand. Sie sind ein rechter Schelm!«

Herr Klontig setzte sich steif auf. »Ein Irrtum. Ich beanstande eine Weinlieferung und fordere Ersatz.«

Nun wußte der Weinhändler nicht mehr, was er von der Sache halten sollte. »Aber Sie geben mir ja meine Ware nicht zurück! Sie bieten nichts und wollen dafür sehr viel haben. Das ist nicht handelsüblich.«

»Ich gebe Ihnen das Faß zurück«, widersprach Herr Klontig.

»Ja – aber leer!«

»Leer? Sicherlich, doch nur infolge meiner Geduld. Kein anderer Kunde hätte sich mit einem sauren Wein so viel Mühe gegeben.«

Der Weinhändler überlegte. »Das große Faß in Ihrem Keller«, meinte er dann, »kommt mir gelegen. Ich laß es heute noch abholen und liefere Ihnen dafür ein kleines Faß mit gutem Wein. Einverstanden?«

Auf den Gedanken, daß ein leeres Faß verkäuflich sei, war Herr Klontig noch nicht gekommen. Er verbarg jedoch seine Freude darüber und sprach: »Gut, schicken Sie mir das kleine Faß – als Kostprobe, nicht aber etwa als Gegenwert für das große leere Faß, denn mir steht ein großes, volles Faß zu.«

»Darüber kann man streiten«, entgegnete der Weinhändler.

Herr Klontig erhob sich. »Nicht mit mir!« sprach er und verließ den Raum.

Der Weinhändler hielt Wort. Am späten Nachmittag rollte ein kleines Faß in Herrn Klontigs Keller, und das alte, große Faß wurde weggeholt. Wehmütig blickte der Greis dem Ungetüm nach, daß siebzehntausend Liter zu fassen vermochte. Dann wandte er sich dem neuen Fäßchen zu. »Ein Zwerg!« sprach er und beklopfte es. »Aber es klingt wenigstens nicht hohl, es hat einen vollen Bauch.«

»Der hohle Klang war schrecklich«, bestätigte Rademann. »Er hat mir die beiden letzten Jahre vergällt.«

Und so begannen, zum Verdruß von Herrn Klontigs Sohn, wieder die nächtlichen Gelage. Es ging dabei sogar noch etwas lauter her als vordem, denn die beiden Alten hatten nicht allein eine böse Gefahr hinter sich gebracht: sie blickten einer viel ärgeren Gefahr entgegen. Das verlangte Mut, und mutige Menschen sind nun einmal laut.

Als das Faß halb leer war, goß Herr Klontig eine Flasche Essig hinein und stattete dem Weinhändler abermals einen Besuch ab. »Sie scheinen überhaupt nur saure Weine zu führen«, beschwerte er sich. »Auch der neue Wein ist sauer. Kosten Sie doch selbst einmal davon.« Der Weinhändler ging mit. Er probierte den Wein und blickte Herrn Klontig mißtrauisch an. »Sie Schelm!« sagte er. »Ein drittes Mal legen Sie mich nicht herein. Ich ersetze Ihnen das Faß, heute noch, aber bevor ich es Ihnen schicke, probieren wir beide den Wein. Und hinterher gibt es dann keine Mäkeleien mehr!«

»So rasch kann ich einen Wein nicht beurteilen!« rief Herr Klontig. »Ich brauche Zeit, um mir ein gediegenes Urteil zu bilden.« Aber es half ihm nichts; der Weinhändler bestand auf seinem Vorschlag. Auch war nicht mehr die Rede davon, daß das große Faß zu ersetzen sei. Das neue Fäßlein wurde geprüft, für gut befunden und gegen das andere ausgetauscht. Es war kleiner als dieses, fast halb so klein, und es war das letzte Fäßlein, auf welches Herr Klontig rechnen konnte.

Drei Wochen später hatten die Alten ihr Werk verrichtet. Das Fäßlein war leer, und ob sie es auch hochkippten: kein Tröpflein kam hervor. Traurig, verzweifelt hockten sie im Keller. Dieses Mal wußten sie, daß keine Hoffnung mehr sei.

Die Stunden gingen dahin. Keiner sprach ein Wort; man hörte nur hin und wieder ein Räuspern, ein Füßescharren oder ein Stöhnen. Welch eine schwarze Nacht! Welch eine Finsternis draußen und in den Herzen der alten Männer! Gegen elf Uhr sprang Herr Klontig plötzlich auf. »Ich hab's!« rief er und packte Rademann bei den Schultern. »Wir bilden uns einfach ein, wir hätten ein riesiges Faß im Keller, und trinken eingebildeten Wein!«

»Das kann man doch nicht«, erwiderte Rademann. »Ich kann's jedenfalls nicht.«

Herr Klontig lief aufgeregt umher. »Du kannst es! Ich sage dir: du kannst es! Und du darfst fortan mehr als einen Liter trinken. Zwei Liter sollst du haben, meinetwegen auch drei! Siehst du das große Faß dort stehen? Ist es nicht riesengroß? Ist es nicht herrlich?« Er klopfte in die Luft, als sei da wirklich ein Faß. »Und ganz voll!«

Da sah auch Rademann das Faß vor sich stehen. Wahrhaftig, es war ein gewaltiger Anblick und ein tröstlicher dazu! »Ich sehe es!« schrie er. »Wir haben wieder zu trinken!«

Herr Klontig holte einen Krug, hielt ihn unter den unsichtbaren Hahn und öffnete diesen; dann füllte er den Wein in die Gläser. »Prost!« rief Herr Klontig dem Freunde zu. »Prost!« erwiderte Rademann. Sie tranken. Sie schlossen die Augen, sie schmatzten, gurgelten und nahmen noch einen Schluck. »Köstlich!« riefen sie wie aus einem Munde. Und dann tranken sie weiter.

Sie tranken so ungestüm und so viel, daß sie bald einen gehörigen Rausch hatten. Es litt sie nicht mehr auf ihren Stühlen. Sie schritten auf und ab und gossen gelegentlich, im Stehen, ein Glas Wein hinunter. Rademann versuchte umsonst, das vorgestellte Faß zu erklimmen; er glitt immer wieder ab, fiel auf den Boden und mußte von Herrn Klontig aufgerichtet werden, was aber selten gelang. Meist fiel Herr Klontig dabei gleichfalls auf den Boden, und da kein Dritter den Beiden hochhalf, blieben sie mitunter lange Zeit nebeneinander liegen, wobei sie sich jauchzend in die Rippen stießen oder an den Haaren zogen. Um wieder auf die Beine zu gelangen, krochen sie einfach zu den Stühlen hin, packten diese und stemmten sich empor. Denn kräftig waren sie ja noch, die alten Burschen – so kräftig, daß sie zum

Schluß gar das Riesenfaß durch den Keller rollten. Das brachte sie in Schweiß, und so legten sie ihre Kleidung ab, bis auf die Unterwäsche. Nein, war das drollig anzusehen! Ein Jeder fand, der Andere fordere das Gelächter der ganzen Welt heraus – sie lachten, daß der Leib sie schmerzte, und als sie unbedacht ein Glas zum Munde führten, überfiel sie das Lachen aufs neue, und sie prusteten sich gegenseitig den Wein ins Gesicht.

In dieser Nacht schlief weder Herrn Klontigs Sohn, noch dessen Frau, noch eine seiner sieben Töchter. Ein einziges Mal, um vier Uhr morgens, stieg der Sohn in den Keller hinab, um dort Ruhe zu stiften, aber es war ihm kein Erfolg beschieden, denn gegen unsichtbaren Wein kommt man nicht an. Am nächsten Morgen, kaum, daß der Weinhändler sein Geschäft betreten hatte, sprach Herrn Klontigs Sohn bei ihm vor und bestellte für seinen Vater, den alten Herrn Klontig, ein großes Faß Wein.

VII

Poeten sagen viel von ihrem Brunn-Gewässer:
Das Wasser ist der Wein; der Brunnen sind die Fässer.
Friedrich von Logau

Sprichwörter

Trink ich Bier, so werd ich faul,
trink ich Wasser, häng ich's Maul,
trink ich Wein, so werd ich voll,
weiß nicht, was ich trinken soll.

Ein Esel, der Wein trägt und Wasser säuft.

Der Fisch will dreimal schwimmen: im Wasser, im Schmalz und im Wein.

Wenn die Gans Wasser sieht, wackelt ihr Steiß; wenn der Mönch Wein riecht, vergisst er den Psalter.

Ließe der Himmel nicht Wasser regnen, so wäre kein Wein.

Ich heiße Hans Prasser,
trink lieber Wein als Wasser;
tränk ich das Wasser so gern als den Wein,
könnt' ich ein reicherer Prasser sein.

Ach weh! ach Wunder! Hans der Prasser,
der keinen Tag konnt nüchtern sein,
noch auch ersaufen in dem Wein,
ertrank, doch voller Wein, im Wasser.

Angelus Silesius

Vom reichen Mann

Man will dem reichen Mann kein Tröpflein Wasser geben,
Weil er das Maß mit Wein schon vollgemacht im Leben.

Achim von Arnim / Clemens Brentano

Vom Wasser und vom Wein

Mündlich.

Ich weiß mir ein Liedlein, hübsch und fein,
Wohl von dem Wasser, wohl von dem Wein,
Der Wein kanns Wasser nit leiden,
Sie wollen wohl alleweg streiten.

Da sprach der Wein: Bin ich so fein,
Man führt mich in alle die Länder hinein,
Man führt mich vor's Wirth sein Keller,
Und trinkt mich für Muskateller.

Da sprach das Wasser: Bin ich so fein,
Ich laufe in alle die Länder hinein,
Ich laufe dem Müller ums Hauße,
Und treibe das Rädlein mit Brauße.

Da sprach der Wein: Bin ich so fein,
Man schenkt mich in Gläser und Becherlein,
Und trinkt mich für süß und für sauer,
Der Herr als gleich, wie der Bauer.

Da sprach das Wasser: Bin ich so fein,
Man trägt mich in die Küche hinein,
Man braucht mich die ganze Wochen,
Zum Waschen, zum Backen, zum Kochen.

Da sprach der Wein: Bin ich so fein,
Man trägt mich in die Schlacht hinein,
Zu Königen und auch Fürsten,
Daß sie nicht mögen verdürsten.

Da sprach das Wasser: Bin ich so fein,
Man braucht mich in den Badstüblein,
Darin manch schöne Jungfraue
Sich badet kühl und auch laue.

Da sprach der Wein: Bin ich so fein,
Bürgermeister und Rath insgemein
Den Hut vor mir abnehmen,
Im Rathskeller zu Bremen.

Da sprach das Wasser: Bin ich so fein,
Man gießt mich in die Flamm hinein,
Mit Spritz und Eimer man rennet,
Daß Schloß und Haus nicht verbrennet.

Da sprach der Wein: Bin ich so fein,
Man schenkt mich den Doktoren ein,
Wenns Lichtlein nit will leuchten,
Gehn sie bei mir zur Beichte.

Da sprach das Wasser: Bin ich so fein,
Zu Nürnberg auf dem Kunstbrünnlein,
Spring ich mit feinen Listen
Den Meerweiblein aus den Brüsten.

Da sprach der Wein: Bin ich so fein,
Ich spring aus Marmorbrünnelein,
Wenn sie den Kaiser krönen,
Zu Frankfurt wohl auf dem Römer.

Da sprach das Wasser: Bin ich so fein,
Es gehn die Schiffe groß und klein
Sonn, Mond auf meiner Straßen,
Die Erd thu ich umfassen.

Da sprach der Wein: Bin ich so fein,
Man trägt mich in die Kirch hinein,
Braucht mich zum heiligen Sakramente,
Dem Menschen vor seinem Ende.

Da sprach das Wasser: Bin ich so fein,
Man trägt mich in die Kirch hinein,
Braucht mich zur heiligen Taufen,
Darf mich ums Geld nicht kaufen.

Da sprach der Wein: Bin ich so fein,
Man pflanzt mich in die Gärten hinein,
Da laß ich mich hacken und hauen,
Von Männern und schönen Jungfrauen.

Da sprach das Wasser: Bin ich so fein,
Ich laufe dir über die Wurzel hinein,
Wär ich nicht an dich geronnen,
Du hättst nicht können kommen.

Da sprach der Wein: Und du hast Recht,
Du bist der Meister, ich bin der Knecht,
Das Recht will ich dir lassen,
Geh du nur deiner Straßen.

Das Wasser sprach noch: Hättst du mich nicht erkannt,
Du wärst sogleich an der Sonn verbrannt!
Sie wollten noch länger da streiten, –
Da mischte der Gastwirth die beiden.

Wilhelm Müller

Warnung vor dem Wasser

Guckt nicht in Wasserquellen,
Ihr lustigen Gesellen,
Guckt lieber in den Wein!
Das Wasser ist betrüglich,
Die Quellen sind anzüglich:
Guckt lieber in den Wein!

Narciß, der hat's erfahren
In seinen schönsten Jahren:
Er sah nicht in dem Wein,
Nein, in dem Quell der Wildniß,
Sein allerliebstes Bildniß:
Guckt lieber in den Wein!

Trink' ich aus vollem Glase,
Da spiegelt meine Nase
Sich lang und roth im Wein
Sie ist nicht zum Verlieben,
Sie ist nicht zum Betrüben,
Drum guck' ich in den Wein.

Schon Mancher ist versunken,
Noch Keiner ist ertrunken
In einem Becher Wein.
Die sich darin betrachten,
Sie können nicht verschmachten,
Drum guck ich in den Wein.

Ihr lustigen Gesellen,
Guckt nicht in Wasserquellen,

Guckt lieber in den Wein!
Doch über euer Gucken
Vergeßt auch nicht zu schlucken:
Trinkt aus, trinkt aus den Wein!

Die Stärke des Weins

Wein ist stärker als das Wasser:
Dies gestehn auch seine Hasser.
Wasser reißt wohl Eichen um,
Und hat Häuser umgerissen:
Und ihr wundert euch darum,
Daß der Wein mich umgerissen?

Johann Nepomuk Vogl

Wasser und Wein

Ich bin ein großer Hasser
Von Fluß- und Regenwasser,
Doch lieb' ich sehr den Wein.
Beim Wein da ist's behäglich,
Das Wasser macht nur kläglich,
Das sieht wohl Jeder ein.

Aus offnen Himmelsschleußen
Tut Wasser sich ergeußen,
Damit uns wachs' der Wein;
Sonst wär' es überflüssig
Und lief herum ganz müßig,
Das sieht wohl Jeder ein.

Einst trank ich nichts als Wasser,
Da wurd' ich immer blasser,
Jetzt aber trink' ich Wein,
Und glüh' so rot wie Zunder,
D'rum ist auch Wein gesunder,
Das sieht wohl Jeder ein.

Das Wasser d'rum den Fischen,
Uns aber zu erfrischen,
Uns gebt den besten Wein;
Denn nicht für Hecht und Lachsen,
Er ist für uns gewachsen,
Das sieht doch Jeder ein.

Johann Wilhelm Ludwig Gleim

An einen Wassertrinker

Trink, betrübter, totenblasser
Wassertrinker, Rebenhasser,
Trink doch Wein!
Deine Wangen wirst du färben,
Weiser werden, später sterben,
Glücklich sein.

Habt, ihr großen Götter! habet
Für den Trank, den ihr uns gabet,
Habet Dank!
O wie dampft er in die Nase!
O wie sprudelt er im Glase!
Welch ein Trank!

Alle Sorgen, alle Schmerzen
Tötet er, und alle Herzen
Macht er froh.
Durstig sang zu seinem Preise
Dieses schon der große Weise,
Salomo!

O! es müssen alle Weisen,
O! es muß ihn jeder preisen,
Der ihn trinkt!
Finster, grämlich, menschenfeindlich
Läßt er keinen! Seht, wie freundlich
Er mir winkt!

Siehe, spricht der Rebenhasser,
Wie so freundlich da mein Wasser

Mir auch winkt!
Ernster Weisheit bleibt ergeben,
Wenn ein Feind vom Saft der Reben
Wasser trinkt.

Wasser, immer magst du winken,
Wer zu klug ist, Wein zu trinken,
Trinke dich!
Wasser weg von meinem Tische
Du gehörest für die Fische,
Nicht für mich!

Ernst Moritz Arndt

Das Feuerlied

Aus Feuer ist der Geist geschaffen,
Drum schenkt mir süßes Feuer ein!
Die Lust der Lieder und der Waffen,
Die Lust der Liebe schenkt mir ein,
Der Traube süßes Sonnenblut,
Das Wunder glaubt und Wunder tut.

Was soll ich mit dem Zeuge machen,
Dem Wasser ohne Saft und Kraft?
Gemacht für Frösche, Kröten, Drachen
Und für die ganze Würmerschaft?
Für Menschen muß es frischer sein,
Drum bringet Wein und schenket Wein!

O Wonnesaft der edlen Reben!
O Gegengift für jede Pein!
Wie matt und wäßrig fließt das Leben,
Wie ohne Stern und Sonnenschein,
Wenn du, der einzig leuchten kann,
Nicht zündest deine Lichter an!

Es wäre Glauben, Lieben, Hoffen
Und alle Herzensherrlichkeit
Im nassen Jammer längst ersoffen,
Und alles Leben hieße Leid,
Wärst du nicht in der Wassersnot
Des Mutes Sporn, der Sorge Tod.

Drum dreimal Ruf und Klang gegeben!
Ihr frohen Brüder, stoßet an!

Dem frischen, kühnen Wind im Leben,
Der Schiff und Segel treiben kann!
Ruft Wein, klingt Wein und aber Wein!
Und trinket aus und schenket ein!

Aus Feuer ist der Geist geschaffen,
Drum schenkt mir süßes Feuer ein!
Die Lust der Lieder und der Waffen,
Die Lust der Liebe schenkt mir ein,
Der Traube süßes Sonnenblut,
Das Wunder glaubt und Wunder tut.

Leopold Friedrich Günther Goekingk

Verschiedenheit

Diogenes sitzt in der Tonne,
Legt sie mit Sorgfalt in die Sonne,
Trinkt Wasser, keinen Wein:
Und das soll närrisch seyn!

Mops aber sitzet vor der Tonne,
Verbirgt sie fleißig vor der Sonne,
Trinkt, statt des Wassers, Wein:
Und das soll weise seyn!

Und ich, nicht in noch vor der Tonne,
Ich trink' im Schatten, in der Sonne,
Bald Wasser und bald Wein:
Was wird nun das wohl seyn?

Johann Peter Hebel

Die betrogenen Zecher

Zwei Zechbrüder besuchten oft eine Stunde weit einen Freund aufs Mittagessen, weil er guten Jochem hatte und ihm der Wein nicht überzwerch im Faß lag. An seinem Namenstag, als sie wieder kamen, und hatte jeder vorher einen Hering gegessen wegen dem Durst und schwitzten Tropfen wie Haselnuß, denn es war am 8. August, Cyriak hieß er, da dachte der Herr Cyriak: Ich will doch sehen einmal, ob ich der gute Freund bin oder mein Wein. Also nahm er den einen vor dem Essen auf die Seite und sagte: »Gevatter, tut mir den Gefallen und helft mir den Apotheker (das war der andere) unter den Tisch trinken. Wir wollen gelbgefärbtes Wasser trinken, und Ihr müßt ihm fleißig anstoßen auf den Cyriak, allemal ex pleno.« Das war dem Gevatter recht. Drauf nahm er den Apotheker auch auf die Seite und sagte: »Helft mir heute meinen Gevattermann zudecken,« und tat ihm den nämlichen Vorschlag. Dem Apotheker war's auch recht, und jeder dachte: Das gibt ein Spaß. Also tranken sie miteinander sieben Maß Wasser Durlacher Eich über der Mahlzeit und noch drei Maß stehenden Fußes auf viel nachfolgende. Als er ihnen die vierte einschenken wollte, sagte der Gevattermann: »Ich kann nimmer, er ist mir zu stark.« Der Apotheker sagte: »Ich kann auch nimmer. Ich muß noch Bärendreck kochen, wenn ich heimkomme.« Doch nahmen sie noch eins zur schuldigen Danksagung. Unterwegs sagte der Gevatter des Cyriaks: »Apotheker, heut habt Ihr ein Meisterstück gemacht. Ich kann nicht begreifen, wie Ihr noch aufrecht gehen könnt.« Der Apotheker sagte: »Mich wundert's, daß Ihr nicht blindhagelvoll seid.« »So?« sagte der Gevattermann: »drum hab' ich Wasser getrunken.« Da gingen dem Apotheker die Augen auf und sagte: »Ich auch.« Da gingen dem Gevattermann auch die Augen auf.

Wilhelm Hauff

Phantasie im Bremer Ratskeller

Anno 1600 und einige zwanzig, dreißig Jahre war ein großer Krieg in deutschen Landen von wegen des Glaubens; die einen wollten so und die andern anders, und statt daß sie bei einem Glase Wein die Sache vernünftig besprochen hätten, schlugen sie sich die Schädel ein. Albrecht von Wallenstein, des Kaisers Generalfeldmarschall, hauste schrecklich in protestantischen Landen. Des erbarmte sich der Schweden König, Gustav Adolf, und kam mit vieler Mannschaft zu Roß und zu Fuß. Es wurden viele Bataillen geliefert, sie hetzten sich herum am Rhein und an der Donau, geschah aber weiter nicht viel, weder vor- noch rückwärts. Zu der Zeit war Bremen und die andern Hansestädte neutral, und wollten es mit keiner Partei verderben. Dem Schweden lag aber daran, durch ihr Gebiet zu ziehen und sich freundlich mit ihnen einzulassen, darum wollte er einen Gesandten an sie schicken. Weil aber im Reich bekannt war, daß man in Bremen alles im Weinkeller verhandle, und die Ratsherren und Bürgermeister einen guten Schluck hätten, so fürchtete sich der Schwedenkönig, sie möchten seinem Gesandten gar sehr zusetzen mit Wein, daß er endlich betrunken würde und schlechte Bedingungen einginge für die Schweden.

Nun befand sich aber im schwedischen Lager ein Hauptmann vom gelben Regiment, der ganz erschrecklich trinken konnte. Zwei, drei Maß zum Frühstück war ihm ein kleines, und oft hat er abends zum Zuspitzen ein halb Imi getrunken und nachher gut geschlafen. Als nun der König voll Besorgnis war, sie möchten im Bremer Ratskeller seinem Gesandten allzusehr zusetzen, so erzählte ihm der Kanzler Oxenstierna von dem Hauptmann, Gutkunst hieß er, der so viel trinken könne. Des freute sich der König und ließ ihn vor sich kommen.

Da brachten sie einen kleinen, hageren Mann, der war ganz

bleich im Gesicht, hatte aber eine große, kupferrote Nase und hellblaue Lippen, was ganz wunderlich anzusehen war. Der König fragte ihn, wieviel er sich wohl zu trinken getraue, wenn es recht ernstlich zuginge. ›O Herr und König‹, antwortete er, ›so ernstlich bin ich noch nie darangekommen, habe mich bis dato auch noch nicht geeicht; der Wein ist nicht wohlfeil, und man kann täglich nicht über sieben, acht Maß trinken, ohne in Schulden zu geraten.‹ – ›Nun, wieviel meinst du denn führen zu können?‹ fragte der König weiter. Er aber antwortete unerschrokken: ›Wenn Euer Majestät bezahlen wollen, möchte ich wohl einmal zwölf Mäßchen trinken, mein Reitknecht, der Balthasar Ohnegrund, kann es aber noch besser.‹ Da schickte der König auch nach Balthasar Ohnegrund, dem Knecht des Hauptmann Gutkunst, und war der Herr schon blaß gewesen und mager, so war es der Diener noch mehr, der ganz aschenfarb aussah, als hätt er sein Leben lang Wasser getrunken.

Da ließ nun der König den Hauptmann und Ohnegrund, den Reitknecht, in ein Zelt setzen und einige Fäßlein alten Hochheimer und Nierensteiner anfahren, und wollte haben, die beiden sollten sich eichen lassen. Sie tranken von morgens eilf Uhr bis abends vier Uhr ein Imi Hochheimer und anderthalb Imi Nierensteiner, und der König ging voll Verwunderung zu ihnen ins Zelt, um zu sehen, wie es mit ihnen stehe. Die beiden Gesellen waren aber wohlauf und der Hauptmann sagte: ›So, jetzt will ich einmal die Degenkuppel abschnallen, dann geht's besser‹; Ohnegrund machte aber drei Knöpfe an seinem Koller auf.

Da entsetzten sich alle, die dies sahen, der König aber sprach: ›Kann ich bessere Gesandte finden nach der fröhlichen Stadt Bremen als diese?‹ Und alsobald ließ er dem Hauptmann prächtige Kleider und Waffen geben, wie auch Ohnegrund, dem Reitknecht, denn dieser sollte den Schreiber des Gesandten vorstellen. Der König und der Kanzler unterrichteten den Hauptmann, was er zu sagen hätte bei der Unterhandlung, und nahm beiden das Versprechen ab, daß sie auf der ganzen Reise nur Wasser trinken sollten, damit nachher das Treffen im Keller um so glorreicher würde; Gutkunst aber, der Hauptmann, mußte seine rote Nase mit einer künstlichen Salbe anstreichen, auf daß sie weiß aussah, damit man nicht merke, welch ein Kunde er sei.

Ganz elendiglich vom vielen Wassertrinken kamen die beiden nach der Stadt Bremen, und nachdem sie bei dem Bürgermeister gewesen, sagte dieser zum Senat: ›Oh! was hat uns der Schwede für zwei bleiche, magere Gesellen geschickt; heute abend wollen wir sie in den Ratskeller führen und zudecken. Ich nehme den Gesandten auf mich ganz allein, und der Doktor Schnellpfeffer muß auf den Schreiber.‹ So wurden sie denn abends nach der Betglocke feierlichst in den Ratskeller geführt, der Bürgermeister führte Gutkunsten, den Hauptmann, der Doktor Schnellpfeffer, was auch ein guter Trinker war, führte den Reitknecht am Arm, der als Schreiber angetan sich recht züchtiglich gebärdete; hinter ihnen gingen viele Ratsherren, die zur Verhandlung geladen waren. Hier in diesem Gemach setzten sie sich um den Tisch und verspeisten zuerst Hasenbraten und Schinken und Heringe, um sich zum Trinken zu rüsten. Dann wollte der Gesandte ganz ehrbar mit der Verhandlung anfangen und sein Schreiber zog Pergament und Feder aus der Tasche; aber der Bürgermeister sprach: ›Mitnichten also ihr edlen Herren; so ist es nicht Gebrauch in Bremen, daß man die Sache also trocken abmacht; wollen einander vorerst auch zutrinken nach Sitte unserer Väter und Großväter.‹ ›Kann eigentlich nicht viel vertragen‹, antwortete der Hauptmann, ›dieweil es aber Seiner Magnifizenz also gefällig, will ich ein Schlücklein zu mir nehmen.‹ Nun tranken sie sich zu und hielten ein Gespräch über Krieg und Frieden und über die Schlachten, so geliefert worden; die Ratsherren aber, um den Fremden mit gutem Beispiel voranzugehen, tranken sich weidlich zu und bekamen rote Köpfe. Bei jeder neuen Flasche entschuldigten sich die Fremden, wie sie gar den Wein nicht gewohnt wären und er ihnen zu Kopf steige; des freute sich der Bürgermeister, trank in seiner Herzenslust ein Paßglas um das andere, so daß er nicht mehr recht wußte was zu beginnen. Aber, wie es zu gehen pflegt in diesem wunderbaren

Zustand, er dachte: jetzt ist er betrunken, der Gesandte, und auch dem Schreiber hat der Doktor tüchtig zugesetzt; und sprach daher: ›Nun wollen wir anfangen mit unserem Geschäft.‹ Das waren die Fremden zufrieden, taten, wie wenn sie voll Weines wären und tranken auf ihrer Seite den Herren weidlich zu.

Da wurde nun gesprochen und getrunken, gehandelt und wieder getrunken, bis der Bürgermeister mitten im Satz einschlief und der Doktor Schnellpfeffer unter dem Tische lag. Da kamen denn die anderen Ratsherren und tranken den Fremden zu und führten die Verhandlung fort; aber trank der Hauptmann lästerlich, so machte es sein Reitknecht nicht schlimmer; fünf Küper mußten immer hin und her laufen und einschenken, denn der Wein verschwand von dem Tisch als wäre er in den Sand gegossen worden. So geschah es, daß die Gäste nacheinander den ganzen Rat unter den Tisch tranken bis auf *einen.*

Dieser *eine* aber war ein großer starker Mann, mit Namens Walther, von welchem man allerlei sprach in Bremen, und wäre er nicht im Rat gesessen, man hätte ihn längst böser Künste und Zauberei angeklagt. Herr Walther war seines Zeichens eigentlich ein Zirkelschmidt gewesen, hatte sich aber hervorgetan in seiner Gilde, war unter die Ältermänner gekommen und nachher in den Senat. Dieser hielt aus bei den Gästen, trank zweimal soviel als beide, so daß ihnen ganz unheimlich wurde, denn er war so verständig, wie zuvor, während der Hauptmann schon trübe Augen bekam und glaubte, es gehe ihm ein Rad im Kopf herum. Sooft der Senator Walther ein Paßglas getrunken, fuhr er mit der Hand unter den Hut, und dem Reitknecht kam es vor, als sehe er ein bläuliches Wölkchen, ganz fein wie Nebel, aus seinem rabenschwarzen Haar hervorsteigen. Er trank wacker darauf los, bis der Hauptmann Gutkunst selig entschlief und sein Haupt ganz weich auf des Bürgermeisters Bauch legte.

Da sprach der Senator Walther mit sonderbarem Lächeln zu dem Schreiber des Gesandten: ›Lieber Geselle, du führst einen mächtigen Zug, ich vermeine aber, daß du mit dem Roßstriegel besser fortkommst als mit der Feder.‹ Da erschrak der Schreiber und sprach: ›Wie meinet Ihr dies, Herr! ich will nicht hoffen, daß Ihr mir Hohn sprechen wollt; bedenket, daß ich Seiner Majestät Gesandtschaftsschreiber bin.‹

›Hoho!‹ rief der andere mit schrecklichem Lachen, ›seit wann haben denn ordentliche Gesandtschaftsschreiber solche Kittel an und führen solche Federn bei der Sitzung?‹ Da sah der Reitknecht auf sein Kleid und bemerkte mit großem Schrecken, daß er seinen gewöhnlichen Stallkittel anhabe, er sah auf seine Hand, und siehe da, statt der Feder hielt er eine ganz gemeine Kratzbürste. Da entsetzte er sich und sah sich verraten, und wußte nicht wie ihm geschah. Herr Walther aber lächelte seltsam und höhnisch, und trank ihm einen Humpen von anderthalb Maß zu auf einen Zug, fuhr dann mit der Hand hinter die Ohren, und der Reitknecht sah ganz deutlich, wie ein feiner Nebel aus seinem Kopf kam. ›Gott soll mich bewahren, Herr! daß ich fürder mit Euch trinke‹, rief er; ›Ihr seid ein Schwarzkünstler, wie ich nun vermute, und könnt mehr als Brot essen.‹

›Darüber wäre noch vielerlei zu sagen‹, antwortete Walther ganz ruhig und freundlich, ›aber es würde dir auch nicht viel helfen, wertgeschätzter Stallknecht und Roßkamm, wenn du mir fürder zusetztest mit Trinken, mich trinkst du nicht unter den Tisch, was maßen ich einen kleinen Hahnen in mein Gehirn geschraubt habe, durch welchen der Weindunst wieder herausfährt. Schau zu!‹ Dabei trank er ein großes Paßglas aus, wandte seinen Kopf herüber zu dem Reitknecht Ohnegrund, strich sein Haar zurück, und siehe da, in seinem Kopf steckte ein kleiner silberner Hahn, wie an einem Faß; da drehte er den Zapfen um und ein bläulicher Dunst strömete hervor, so daß ihm der Weingeist keine Beschwerden machte in der Hirnkammer.

Da schlug der Reitknecht vor Verwunderung die Hände zusammen und rief: ›Das ist einmal eine schöne Erfindung, Herr Zauberer! könnet Ihr mir nicht auch so ein Ding an den Kopf schrauben, um Geld und gute Worte?‹ ›Nein, das geht nicht‹, antwortete jener bedächtig; ›da seid Ihr nicht erfahren genug in geheimer Wissenschaft; aber ich habe Euch liebgewonnen wegen Eurer absonderlichen Kunst im Trinken, darum möchte ich Euch gerne dienen, wo ich kann. Zum Beispiel, es ist gegenwärtig die Stelle des Kellermeisters vakant allhier. Balthasar Ohnegrund! verlaß den Dienst dieser Schweden, wo es doch mehr Wasser als Wein gibt, und diene dem wohledlen Rat dieser Stadt; wenn wir auch einige Lasten Wein mehr brauchen des Jahrs, die du heimlich saufest, das tut nichts, ein solcher Kapitalkerl hat uns längst gefehlt; Balthasar Ohnegrund! ich mach dich morgen zum Kellermeister, wenn du willst. Willst du nicht, so ist's auch gut; dann weiß aber morgen die ganze Stadt, daß uns der Schwede einen Reitknecht als Schreiber geschickt.‹ Dieser Vorschlag mundete dem Balthasar wie edler Wein; er tat einen Blick in dieses unermeßliche Weinreich, schlug sich auf den Magen und sagte: ›Ich will's tun.‹ Nachher machten sie noch allerhand Punkte aus, wie es gehalten werden soll nach Ohnegrunds zeitlichem Hinscheiden mit seiner armen Seele. Er wurde Kellermeister, der Hauptmann Gutkunst aber zog mit zweideutigen Bedingungen ab ins schwedische Lager, und als nachher die Kaiserlichen in die Stadt kamen, war der Bürgermeister und Senat froh, daß sie sich mit dem Schweden nicht zu tief eingelassen, obgleich keiner recht wußte, wie es so gekommen war.

August Heinrich Hoffmann von Fallersleben

Wasser und Wein

Wer schuf das Wasser? wer den Wein?
    Wasser her! schenket ein!
Das Wasser schuf nur Gott allein,
Das Wasser ist göttlich, und menschlich der Wein.

Mehr ist das Wasser als der Wein,
    Wasser her! schenket ein!
Ich aber will bescheiden sein:
Ich lobe das Wasser und – trinke den Wein.

Frank Wedekind

Wegweiser

Zum Wassertrinker bin ich nicht geboren,
Das kann euch meine edle Muse zeigen;
Sie singt beim Wein und fällt in tiefes Schweigen,
Wenn sich der letzte Schluck im Bauch verloren.

Dem Wasser hab' ich ew'gen Haß geschworen,
Weil ihm der Zauberdünste keiner eigen,
Die traumschwer aus dem dunklen Becher steigen,
Den ich zum Weiser mir des Wegs erkoren.

Er ist ein gar verständiger Geselle,
Er drängt direkt mich zu des Tempels Schwelle
Und öffnet meinem Blick die dunklen Türen.

Im Taumel tapp' ich nach der heiligen Zelle
Und muß des Ortes Weihe nur verspüren,
Dann ist's kein Kunststück mehr, mich zu verführen.

VIII

Bei jungen Fraun und altem Wein
da lässt es sich gut fröhlich sein.
Sprichwort

Achim von Arnim / Clemens Brentano

Trinklied

Die liebste Buhle, die ich han,
Die liegt beim Wirth im Keller,
Sie hat ein hölzern Röcklein an,
Und heißt der Muskateller.
  Sie hat mich nächten trunken gemacht,
  Und fröhlich mir den Tag vollbracht,
  Drum wünsch ich ihr ein gute Nacht.

Sie hat mich auch so angelacht,
Daß ich die Sprach verlohren,
Und hat mir gestern Bauchweh gemacht
Wohl zwischen meinen Ohren,
  Drum thu ich ihr ein Possen heut,
  Und bring zu ihr ein andre Maid,
  Die mag mit ihr bestehn den Streit.

Nun Mägdlein halt dein Kränzlein fest,
Daß du nicht kömmst zum weichen,
Mein Wein thut heut gewiß sein Best,
Gar sanft wird er einschleichen.
  Mein Herz hält Wasser als ein Sieb,
  Mein Buhl, er ist mir gar zu lieb.
  Steig ein, schleich ein du lieber Dieb.

Soll ich mein Kränzlein halten fest,
Das sein hängt an der Pforten,
Viel lieber wär ich nie gewest
In diesem schweren Orden.
  Dein Buhl dreht mir die Sinnen all,
  Das Gläslein hat ein glatten Schall,
  Gieb acht mein Knab, daß ich nit fall.

Und wenn er in ein faul Faß käm,
So müßt mein Wein versauren,
Und wenn ich eine andre nähm,
So müßt mein Herz vertrauren;
  Drum will mein Buhl mir stehen bei,
  Er lehrt mich sagen also frei,
  Daß ich dich mein mit steter Treu.

Und wär ein Fäßlein noch so rein,
So findt man Drusen drinnen,
Und wär ein Knabe noch so fein,
Ist er doch falsch von Sinnen.
  Mit Spinnen voll ein Zuckerlad,
  O Weh, der mich verführet hat
  Auf diesen steilen Rebenpfad.

Ach Mägdlein laß dein Weinen seyn,
Bis daß geweint die Reben,
Und bringst du mir ein Knäbelein,
Ein Winzer soll es geben,
  Und bringst du ein klein Mägdelein,
  Solls nähen mit der Nadel fein
  Den Schlemmern ihre Hemdelein.

Gotthold Ephraim Lessing

Trinklied

Voll, voll, voll,
Freunde, macht euch voll!
Wein, Wein, Wein,
Freunde, schenkt ihn ein!
Küßt, küßt, küßt,
Die euch wieder küßt!
Voll von Wein,
Voll von Liebe,
Voll von Wein und Liebe,
Freunde, voll zu sein,
Küßt und schenket ein!

Friedrich von Hagedorn

Der Wettstreit

Mein Mädchen und mein Wein,
Die wollen sich entzwein.
Ob ich den Zwist entscheide,
Wird noch die Frage sein.
Ich suche mich durch Beide
Im Stillen zu erfreun.
Sie gibt mir größre Freude:
Doch öftre gibt der Wein.

Heinrich Wilhelm von Gerstenberg

Bacchus und Amor

An jungen misgerathnen Stöcken,
Und noch von keiner Traube schwer,
Geht Bacchus wirthschaftlich daher,
Sucht itzt ein Auge zu verstecken,
Itzt eins den Stralen aufzudecken,
Arbeitet, knickt, zerreißt und bricht,
Und keicht, und schont der Hände nicht.

Amor, der ein Mädchen, das selbst seinen Pfeilen zu schnell war, durch Rosengebüsche jagte, sah, indem er dem Mädchen nachlief, den arbeitsamen Bacchus beym Weinstocke schwitzen. Nie hatte Amor den Bacchus so emsig gesehen. Armer Gott, sprach er leise, ich muß dir Muße verschaffen, und gleich flog der Pfeil in des Weingotts Herz, der dem schüchternen Mädchen bestimmt war.

Der kleine Gott, der sonst nur trank,
Sonst nur vom Rausch zu Boden sank,
Sinkt itzt vor Amors Pfeil zu Boden,
Und geistig Blut trieft in den Boden;
Und Bacchus weint, da er die Wunde fühlt,
Daß Amor ihm so mitgespielt.

Auf! unbezwingbarer Weingott, rief Amor spöttisch, Bändiger der lybischen Löwen und Tieger, auf! und huldige itzt dem stärkern Amor. Die Wunde ist tief: laß eine Schöne sie heilen. – Amor lachte und floh. – Aber das Blut des Bacchus drang in die Wurzeln der Weinstöcke, und die Trauben schwollen seit dieser Zeit von edlem Burgundermost auf, der das Herz zu den zärtsten Trieben erhebt. –

Von diesem Most, den ich noch keinem zugebracht,
Daß er ihn nicht gleich fühlbarer gemacht,
Von diesem Moste will ich trinken.
O Phillis! siehst du ihn nicht winken?
O liebe Phillis, laß uns trinken!

Johann Wolfgang Goethe

So lang' man nüchtern ist
Gefällt das Schlechte,
Wie man getrunken hat
Weiß man das Rechte,
Nur ist das Uebermaaß
Auch gleich zu handen;
Hafis! o lehre mich
Wie du's verstanden.

Denn meine Meinung ist
Nicht übertrieben:
Wenn man nicht trinken kann
Soll man nicht lieben;
Doch sollt ihr Trinker euch
Nicht besser dünken,
Wenn man nicht lieben kann
Soll man nicht trinken.

Maler Müller

Der Stärkere

Bacchus ist stärker
Als Armor, denn Amor
Siegt durch Bacchum;
Und Amor wird durch's
Alter besiegt, Bacchus
Aber besiegt das Alter.

Wer kann's leugnen,
Das der Wein
Weit stärker ist als Liebe?
Liebe wird durch's Alter besiegt,
Der Wein besiegt das Alter.
Wer kann's leugnen,

Daß der Wein
Weit stärker ist als Liebe?
Denn, Freunde, seht, die Liebe
Besiegt das graue Alter.

Freunde, gestehet selbst es ein,
Daß der Wein
Stärker ist als Liebe.

Siehst du nicht: die Liebe
Wird bekrieget
Und besieget
Von dem grauen Alter.
Aber, Feund, sieh den Wein –
Der bekrieget
Und besieget
Ganz allein
Kummer, Schmerz und Alter.

Johann Wilhelm Ludwig Gleim

Der Friedensstifter

Wein und Liebe
Bändigt Helden;
Wein und Liebe
Macht Verträge;
Wein und Liebe
Stiftet Frieden.
Drum, o Deutschland,
Wilst du Frieden?
Wein und Liebe
Kan ihn stiften.

Sprichwörter

Frauenlieb' und süßer Wein
kann beides morgen Essig sein.

Brautschaft ist wie Wein,
die Ehe soll wie Essig sein.

Bad, Wein und Weib
erquicken den Leib.

Bad, Wein und Weib
verderben den Leib.

Fängt der Bart an, weiß zu sein,
lass' die Frau und trinke Wein.

Bei Weibern, Liebe und Wein
pflegt immer Hader zu sein:

Drei Dinge brauchen einen tapfern Hüter: guter Wein, schöne Frauen und Geld.

Dreierlei lässt sich schlecht halten: ein Vogel in der Hand eines Kindes, eine junge Frau im Bett eines alten Mannes und ein Glas Wein vor einem durstigen Deutschen.

Drei Dinge nehmen kein gutes Ende:
die Sonne, die schon früh scheint an die Wände,
ein Kind, genährt mit Wein,
und eine Frau, die spricht Latein.

Drei Dinge erhalten des Leibes Räder:
Venus, Wein und Bäder.

Drei Dinge bringen ins Elend hinein:
Würfel, Weiber und Wein.

Johann Wilhelm Ludwig Gleim

Art zu trinken

Wenn ich mein Glas geleeret,
So füll ichs hurtig wieder,
Und bring es meinem Mädchen.
Mein Mädchen nimts und trinket,
Und klopft mich auf die Bakken,
Und füllt es gleich von neuem,
Und lobt den Sekt im Glase,
Und bringt mirs selbst zum Munde,
Ich küß es, eh ich trinke,
Es trinkt, und küßt mich wieder.
Freund, dort im Trauerkleide
Soll es dir auch eins bringen?

Eduard Mörike

Versuchung

Wenn sie in silberner Schale mit Wein uns würzet die Erdbeern,
  Dicht mit Zucker noch erst streuet die Kinder des Walds:
O wie schmacht ich hinauf zu den duftigern Lippen, wie dürstet
  Nach des gebogenen Arms schimmernder Weiße mein Mund!

Friedrich von Hagedorn

Wein und Liebe

Nein, Liebe, nein! dir gilt nicht dieses Lied;
Es soll mit Bacchus Ruhme prangen,
Was mich erweckt, und was man hier ersieht,
Ist wichtiger als weiß' und rothe Wangen.
Ein jedes Glas, das diese Tafel ziert,
Verbannt das blinde Kind, und macht aus Freunden Brüder,
Und wer bei dir oft Herz und Witz verliert,
Dem gibt der Wein Verstand und Freiheit wieder.

Was hat vordem die Deutschen groß gemacht,
Von deren Muth auch Feinde melden?
Sie flohen dich, und zechten vor der Schlacht:
Und dieß allein, dieß machte sie zu Helden.
Das Alter selbst verjünget sich durch Wein,
Wann Eintracht, Lust und Durst mit vollen Stutzern winken;
Und würden nicht auch Götter sterblich sein,
Wenn Götter nicht stets ihren Nectar trünken?

Was macht gelehrt? Was nutzet einem Staat?
Was suchen alt' und neue Weisen?
Was fehlt dem Hof, der so viel Edles hat?
Was müßten auch die größten Dichter preisen?
Die Wahrheit ist's. Man trifft sie selten an;
Doch wird sie dir gewiß ein ächter Säufer sagen:
Und wer sie nicht beim Trunk entdecken kann,
Sucht sie umsonst den Schönen abzufragen.

Die Schönheit ist der Falschheit stolzer Sitz,
Und jedes Jahr schwächt ihre Stärke.
Doch thut der Wein durch eingeflößten Witz,

Im Alter erst die größten Wunderwerke.
Wie oftmals täuscht das Schmeicheln die Vernunft?
Wie sklavisch wird ein Mund, der lächelnd trügt, verehret?
Doch dieser Wahn verschont die freie Zunft,
Die stets ihr Glas in Einem Zuge leeret.

So wollt' ich einst, bei jubelvoller Lust,
Des Weines Lob der Welt erzählen;
Doch rührte bald ein andrer Trieb die Brust,
Doch mußten bald die besten Worte fehlen.
Nein, Bacchus, nein! dir galt nicht mehr mein Lied;
Die junge Phyllis kam gegangen;
Und man erblickt, wo so viel Liebreiz blüht,
Nichts Wichtigers, als ihre schöne Wangen.

Friedrich Rückert

Die zwei Mächte

Wein und schöne Mädchen
Sind zwei Zauberfädchen,
Die auch die erfahrnen
Vögel gern umgarnen.

Becherrand und Lippen,
Zwei Korallenklippen,
Wo auch die gescheitern
Schiffer gerne scheitern.

Kommst du in die Schenke,
Auf ein Knie dich senke!
Denn hier sitzen Fürsten,
Die nach Ruhme dürsten.

Und die Liebeszettler
Schelte keine Bettler!
Jeder trägt von Schmerzen
Einen Schatz im Herzen.

Liebe und Herr Becher!
Freigeborner Zecher
Königin und König!
Eurem Throne frön' ich.

Helfet ihr zu Rechte
Menschlichem Geschlechte,
Wird es unter Trümmern
Niemals gar verkümmern.

Gestern trat ein Weiser
Vor des Himmels Kaiser,
Frug, wie lang' die närr'schen
Leute sollten herrschen?

Und Gott sprach: So lange
Eure Weisheit bange
Wird den Menschen machen,
Soll die Thorheit lachen.

Johann Heinrich Voss

Trinklied

Hätt' ich einen Mutterpfennig
   Notabene, nicht zu klein;
Ein paar Flaschen leicht gewänn' ich,
   Notabene, voll von Wein.
Fröhlich blieb' ich dann und wach,
Notabene, bis zum Tag.

Fröhlich blieb' ich wohl noch morgen,
   Notabene, bei dem Wein;
Wollte mir der Kellner borgen,
   Notabene, sonder Schein.
Wer so fortblieb' ewiglich,
Notabene, das bin ich.

Wüchsen nur von selbst die Kleider,
   Notabene, mir ein Rock;
Oder knufte nicht der Schneider,
   Notabene, wie ein Bock:
Stracks bin ich vollkommen froh;
Notabene, nun so so.

Küßte mich ein lustig Mädchen,
   Notabene, hübsch und jung;
Dreht es mir zu Lieb' ein Rädchen,
   Notabene, flink im Sprung:
O ich böt ihr gleich die Hand,
Notabene, drin ein Band.

Neckte mich ein holdes Weiblein,
   Notabene, reich und alt;

Freien wollt' ich solch ein Täublein,
  Notabene, stürb' es bald.
O ich küßt' ohn' Unterlaß,
Notabene, dieses Glas.

Wein und Mädchen sind ein Segen,
  Notabene, wohlgepaart;
Und der Pfennig schafft Vermögen,
  Notabene, wenn man spart.
Darum lieb' ich immer treu,
Notabene, diese drei.

Anna Loiusa Karsch

An den Wein

Wein! ich möchte dich bald hassen,
Ich bin deiner Allmacht feind,
Denn du willst mir meinen Freund
Immer nicht vom Becher lassen.
Du bist meiner Freuden Dieb,
Könnt ich dich doch ganz verachten.
Milon hat dich gar zu lieb,
Und mich läßt er schmachten. –
Loben wollt ich die Begier,
Wein zu trinken halbe Nächte,
Wenn mein Milon nur mit mir
Manchen Abend zechte;
Aber nun trinkt er den Wein
Mit den Männern ganz allein.
Ha ihr Männer, ha ihr Zecher,
Amor jag euch von dem Becher
Durch die Pfeile, die im Köcher
Aufgesammlet sind zur Pein
  Aller Herzenbrecher.

Johann Wilhelm Ludwig Gleim

Die Nachbarin

Der Nachbar.
Es ist doch meine Nachbarin
Ein niedlich muntres Weib;
Sie macht mir, wenn ich bei ihr bin,
Recht schönen Zeitvertreib,
Das aber, was mir nicht gefällt,
Ist, daß der Mann stets Wache hält;
Jedoch, ich habe Wein!
Ja, Wein, du Freund der Liebe du!
Dich trink ich ihm im vollen zu,
Und trinkend schläft er ein.

Der Mann.
Mein Nachbar schickt ohn Unterlaß
Mir seinen guten Wein?
O Nachbar, warum tust du das?
O Nachbar, du bist fein!
Doch, ich bin feiner noch, als du;
Von deinem Wein trink ich dir zu,
Und habe guten Mut;
Und eh ich Hörnerträger bin,
Vertrinkst du mit vergnügtem Sinn
Bei mir dein Hab und Gut.

Die Frau.
Mein Schatz, betriege doch nicht so
Den guten Nachbarsmann;
Sein guter Wein macht dich zwar froh,
Allein gedenk daran;
Es ist doch Sünde, laß es sein,

Bezahl ihm seinen guten Wein,
Laß dein Gewissen ruhn!
Und wenn du nicht die Bitt erfüllst;
Und wenn du nicht bezahlen willst;
So sprich: Soll ich es tun?

Christian Felix Weisse

Liebe und Wein

Ohne Lieb und ohne Wein,
Was war unser Leben?
Alles, was uns kann erfreun,
Müssen diese geben.
Wann die Großen sich erfreun,
Was ist ihre Freude?
Hübsche Mädchen, guter Wein,
Einzig diese beide.

Sieger, die des Siegs sich freun,
Fragen nichts nach Kränzen.
Sie erholen sich beim Wein
Und bei schlauen Tänzen.
Uns drückt oft des Lebens Pein,
Doch nur, wann wir dürsten;
Aber gebt uns Lieb und Wein,
O so sind wir Fürsten!

Christian Felix Weisse

Der Betrug

Ich trink, und oft betrink ich mich,
Mein Mädchen, auf dein Wohlergehen!
Da solltest du den Vater Bacchus sehen:
Er denkt, und brüstet sich,
Es sei bloß ihm zum Trost geschehen.

Der gute Narr! er brüste sich,
Frohlocke gegen seine Brüder!
Ich sag es dir, doch sag es ihm nicht wieder!
Aus Liebe nur für dich,
Trink ich, trink ich mich öfters nieder.

Gotthold Ephraim Lessing

Die Haushaltung

Zankst du schon wieder? sprach Hans Lau
Zu seiner lieben Ehefrau.
»Versoffner, unverschämter Mann« –
Geduld, mein Kind, ich zieh mich an –
»Wo nun schon wieder hin?« – Zu Weine:
Zank du alleine.

»Du gehst? – Verdammtes Kaffeehaus!
Ja! blieb er nur die Nacht nicht aus.
Gott! ich soll so verlassen sein? –
Wer pocht? – Herr Nachbar? – nur herein!
Mein böser Teufel ist zu Weine,
Wir sind alleine.«

August Friedrich Ernst Langbein

Der Trinker an den Veteran der Liebe

Graues Männlein, setz' dich hier
Zu den Rheinweinflaschen!
Es geziemt nicht dir und mir,
Daß wir Küsse naschen.
Jedes Alter hat sein Feld,
Wo Genuß ihm winket:
Liebe blüht der jungen Welt,
Und der Graukopf trinket.

Aber, trotzend der Natur,
Willst du nimmer alten,
Und auf Amors Rosenflur
Stets ein Recht behalten.
Wie ein Zierling angetan,
Geckst du auf und nieder,
Lachest alle Mädchen an,
Und sie lachen wieder.

Ja, sie lachen, armer Gauch,
Über dein Beginnen,
Sie mit eitel Dampf und Rauch
Zärtlich zu gewinnen.
Denn des Jugendfeuers Brand,
Den die Liebe fodert,
Ist bei dir, wie Gott bekannt,
Lange schon verlodert.

Nur das Flämmchen der Begier,
Das der Asch' entsprühet,
Gaukelt dort und gaukelt hier,

Wo ein Mädchen blühet.
Doch durch dieses Irrlichts Dunst
Läßt kein Kind sich blenden,
Sich mit einem Schritt der Gunst
Zu ihm hin zu wenden.

Wende dich nun auch so kühl
Von den jungen Nymphen,
Die bei Tanz und Pfänderspiel
Fliehend dich beschimpfen.
Die Natur gebeut, daß sich
Gleich und Gleich vereine:
Drum, alt Männlein, halte dich
Zu dem alten Weine!

Wähle frisch zum Liebchen dir
Die getreue Flasche,
Und vergiß hinfort bei ihr
Jenes Kußgenasche!
Sie erwärmt des Blutes Eis,
Heilt des Herzens Wunden,
Und bei ihr hat noch der Greis
Goldne Schäferstunden.

Wilhelm Müller

Die schlanke Kellnerin und die schlanken Flaschen

Blanke, schlanke Kellnerin,
Blank und schlank sind deine Flaschen,
Blanker, schlanker ist dein Leib:
Laß mich trinken, laß mich naschen
Sorgenbann und Leidvertreib!

Blanke, schlanke Kellnerin,
Zum Umspannen ist dein Mieder
Mit vier Finger ohn' Beschwer:
Fülle mir den Schoppen wieder!
Mit vier Zügen ist er leer.

Blanke, schlanke Kellnerin,
Schlanke Leibchen hab' ich gerne,
Aber schlanke Flaschen nicht:
Dank dem durstig heißen Sterne,
Unter dem ich trat an's Licht.

Blanke, schlanke Kellnerin,
Fodr' ich doch den schlanksten Schoppen;
Sage nicht, ich sei ein Tor;
Denn er zaubert, mich zu foppen,
Deinen schlanken Leib mir vor.

Blanke, schlanke Kellnerin,
Schlanke Flaschen dir behagen,
Ob ihr Glas auch leicht zerbricht:
Schlanke Leibchen, laß dir sagen,
Knacken wohl, doch brechen nicht.

Blanke, schlanke Kellnerin,
Wohl bekomm' es deinen Kannen,
Daß so schnell mein Schoppen leer!
Darf ich deinen Leib umspannen,
Mess' ich keine Flasche mehr.

Gerhart Herrmann Mostar

Der rheinische Sex wirkt doppelt am Tiber

Eines Tages im November wurde dem Oberkommandierenden der Besatzungstruppen am Rhein eine Tochter geboren, ein Besatzungskind also, obwohl der glückliche Vater die Mutter dazu aus seiner heimischen Garnison mitgebracht hatte, und zwar in Gestalt seiner gesetzlichen Ehefrau; diese historische Seltsamkeit erklärt sich indes daraus, daß es sich nicht um eine heutige, sondern um die römische Besatzungsmacht und demgemäß um einen Novembertag des Jahres fünfzehn nach Christus handelte. Das so frühe Ereignis wird hier auch nicht deshalb erwähnt, weil die betreffende Generalstochter eines Kaisers Schwester und Geliebte, eines zweiten Kaisers Nichte, Frau, Mörderin und Witwe sowie eines dritten Kaisers Mutter, Beinahe-Geliebte und Opfer wurde, ja nicht einmal, weil sie die meisten dieser Würden mit Hilfe des heimischen Rheinweines erklomm, sondern darum, weil hier zum ersten Male in der Geschichte ein rheinisches Mädchen den rheinischen Wein zu der ihm gebührenden Würde erhob.

Dies rheinische Mädchen – es hieß Agrippina – hatte allerdings den rheinischen Wein buchstäblich schon mit der Säuglingsmilch eingesogen: Römer wie Griechen vermischten bereits den Trank aus der Mutter- oder Ammenbrust mit Wein, auf daß das Kind groß und stark werde, und daß beim Mischungsverhältnis der Wein nicht zu kurz kam, ergibt sich aus dem alten Homer; da erinnert der Erzieher des Helden Achill seinen Zögling ebenso liebreich wie naiv an gewisse peinliche Erlebnisse aus dessen Säuglingszeit:

»Oftmals hast du das Kleid mir vorn am Busen befeuchtet,
Wein aus dem Munde verschüttend in unbeholfener Kindheit!«

Kurz: daß sie statt Muttermilch eigentlich eine Art Mutterwein oder Mutterbowle bekam, das teilte Agrippina mit anderen jungen Römern und Römerinnen; daß sie aber mit *rheinischem* Mutterwein großgezogen worden war, das war das Neue. Denn was trank man schon zu Rom? Mißfarbenen Mischwein aus Italien selbst oder aus Griechenland oder aus Spanien, von allzuviel Sonne schal geworden und deshalb nach Catos Vorschrift gepanscht aus »zwölf Teilen Most, zwei Teilen scharfem Essig, fünfzig Teilen Süßwasser und fünfviertel Teilen Meerwasser«, oder gewürzt mit »Fichtennadeln, Zypressenzweigen, Zedernholzspänen, Myrtenbeeren, Bittermandeln, Harz, Terpentin, Lilienblüten, Kardamom, Safran, Kalmus, Myrrhen und Majoran«, ja sogar »mit wohlriechenden Salben«, und nur die Reichsten konnten sich roten Wein von der Rhone leisten. Agrippina aber brachte zum ersten Male den weißen, spritzigen, sauberen, ausgegorenen, ungewürzten und just darum würzigen Naturwein vom Rhein nach Rom – in ihrem schönen Leibe sowohl, darin er von der Muttermilch her kreiste, wie in ihren schönen Händen, darin sie ihn dem Kaiser Claudius persönlich kredenzte, als Trost. Sie durfte das tun, denn Claudius war ihr Onkel, und des Trostes bedurfte er sehr: er war soeben Witwer geworden; er hatte sich nämlich genötigt gesehen, seine Eheliebste, Ihre Majestät die Kaiserin Messalina, abschlachten zu lassen. Er hatte es nicht gern getan; er war immer ganz gut mit ihr ausgekommen; hatte sie ihn einerseits mit aller Welt betrogen, und einmal in einer einzigen Nacht mit siebzehn Lastträgern nacheinander, so hatte sie ihm andererseits als Ausgleich drei betont nette Damen ins Bett gelegt, Kalpurnia, Kleopatra und Lollia; hatte sie sich einerseits vor dem nächtlichen Besuch der öffentlichen Häuser zum Ärger des sparsamen Kaisers die schönen Brüste vergolden lassen, so daß am anderen Morgen irgendwelche Eseltreiber mit goldenen Fingerspitzen durch Rom liefen, so hatte sie andererseits aus den gleichen Häusern zuweilen doch recht anständige und überdies selbstverdiente Summen nach Hause gebracht; vor allem aber hatte sie ein starkes Gefühl für kaiserliche Würde gezeigt und darum die Objekte ihrer Wünsche nachher fast immer umbringen lassen, der Ordnung halber – grundsätzlich diejenigen, die's mit ihr gehabt hatten, und erst recht diejenigen, die's nicht mit ihr hatten haben wollen. Jetzt jedoch war sie auf die Idee gekommen, ihren Liebhaber nicht zu ermorden, sondern zu heiraten. obwohl sie doch schon mit Claudius verheiratet war – das war ihm gegen den Strich gegangen, er war nun mal für Ordnung, und so hatte es denn sein müssen. Indessen, wie gesagt, er hatte Trost nötig; die Damen Kalpurnia, Kleopatra und Lollia hatten versagt, der römische, griechische, spanische und gallische Wein hatte versagt – und so schlug denn die historische Stunde für seine Nichte Agrippina und für ihren rheinischen Wein.

Beide bestanden diese erste Probe glänzend: Onkel Claudius beschloß noch in derselben Nacht, hinfort an die Stelle des sehr schweren Würzweins den sehr leichten Rheinwein und an die Stelle der sehr toten Messalina die sehr lebendige Nichte zu setzen. Den Wein bekam er ohne Umstände, Agrippina hingegen machte welche. Nicht etwa aus Gschamigkeit: sie war damals kein heuriger Hase mehr, hatte bereits zwei Ehen hinter sich und aus der ersten sogar einen Sohn, den der Vater nicht umsonst kopfschüttelnd mit der Bemerkung in der Welt willkommen geheißen hatte: »Was kann aus meinen Lenden und Agrippinas Schoß schon Gutes kommen!« Er sollte recht behalten, es aber nicht mehr erleben: er war, was in höfischen Kreisen damals selten war, eines natürlichen Todes gestorben. Auch eine etwaige Empörung über den Gattenmord an Messalina war nicht ursächlich für Agrippinas Sprödigkeit: sie selber hatte ihren zweiten Gatten persönlich vergiften müssen und wußte, wie klärend dergleichen in manchen Situationen wirkt. Und was die etwas nahe Verwandtschaft zwischen Onkel und Nichte anging – du lieber Himmel, schließlich hatte sie, ebenso wie ihre beiden Schwestern, mit des Claudius Vorgänger Caligula das Lager geteilt, und der war immerhin der Bruder der drei Damen gewesen.

Nein, solche kleinlichen Bedenken kannte man in den besseren Schichten Roms nicht. Auch daß Claudius hinkte, stotterte und einen Bauch trug, störte nicht; dafür war er schließlich Kaiser, und dafür würde er keine Treue verlangen: er war der Typ Mann, der wußte, daß ihn jede Frau betrog, und dem es jede Frau auf den ersten Blick ansah, daß sie ihn betrügen würde. Die drei Nebenbuhlerinnen vollends waren leicht zu beseitigen: bei Kalpurnia und Kleopatra, an denen dem Kaiser nicht sehr viel lag, ging das auf die milde Art der lebenslänglichen Verbannung, während Lollia, die des Kaisers Herz gewonnen hatte, leider um eines Hauptes Länge verkürzt werden mußte – als Claudius an den Vollzug der Maßnahme nicht glauben wollte, überreichte ihm Agrippina das besagte Haupt mit eigener Hand, und Claudius konnte es dank einem Kunstzahn aus Edelstein identifizieren, den er der Geliebten hatte einsetzen lassen; nun, der Lebenskünstler Claudius tröstete sich beim Rheinwein: hatte er die Geliebte verloren, so hatte er doch wenigstens den Zahn zurück.

Das alles war's also nicht, weshalb Agrippina Claudius gegenüber, und nur ihm gegenüber, anfänglich spröde tat, sondern gleich allen Mädchen mit rheinischem Wein im Blut war sie zwar leichtsinnig und leichtsinnlich, aber auch fromm und geschäftstüchtig, wies also jenes nur scheinbar Widerspruchs- und in Wahrheit wirkungsvolle Mischungsverhältnis auf, das Jahrtausende später dem deutschen Wirtschaftswunder am Rhein erst das richtige Odeur geben sollte. In römischer Wunderzeit geboten ihr, die eben klüger war als Messalina, Sinnlichkeit, Frömmigkeit und Geschäftlichkeit zugleich, Einen zu heiraten, um Viele zu haben, jenes öffentlich, dieses heimlich, und den Einen im Gegensatz zu den Vielen erst eine Weile werben zu lassen, um ihn dann um so sicherer zu haben. Sie wollte also Kaiserin werden und wurde es; ein Regierungsbeschluß erklärte, mit Rücksicht auf ihr empfindliches religiöses Gefühl, die intime Beziehung zwischen Onkel und Nichte für den Willen der Götter; aber für Agrippinas ordentlichen Verstand war sie erst richtig Kaiserin, wenn ihr Sohn auch richtig Kronprinz war.

Zwar hatte Claudius, von dem sie alles erwarten konnte außer Nachkommenschaft, seinen eigenen Kronprinzen in die Ehe mitgebracht, einen Sohn Messalinas; den mußte er aber nunmehr enterben und Agrippinas Sohn aus erster Ehe dafür adoptieren – eben jenen Sprößling, dessen Erbmasse der eigene Vater so mißtraut hatte, und der denn auch als Kaiser Nero den Ruf der Familie endgültig ruinieren sollte. Damit er aber Kaiser werden konnte, mußte ein anderer Kaiser verschwinden – sein Stiefvater Claudius.

Agrippina, als ein Wesen von sonnigem Gemüt und bester Erziehung, verachtete Abschlachtungen à la Messalina als rückständig und dem guten Ton kaum entsprechend; sie zog das elegant zu reichende und in vornehmer Ruhe wirkende Gift vor. Zudem gedachte sie, ihrem Manne einen sozusagen gutgelaunten Tod zu bereiten, denn sie hatte ja nichts gegen ihn und er nichts gegen sie, er mußte nicht sterben, weil er schuldig, sondern lediglich, weil er im Wege war. Sie setzte ihm also eines Abends seine Lieblingsspeise, ein Pilzgericht, erst nach sehr viel fröhlich machendem Rheinwein vor und aß, wie sie es immer zu tun pflegte, zunächst ausgiebig selbst davon, ehe sie es ihm reichte; da ihr nicht schlecht davon wurde, konnte er es vertrauensvoll genießen, und als ihm dennoch übel ward, schob er es auf den Wein. Er konnte schließlich nicht ahnen, daß sich Agrippina in der langen Zeit der Vorbereitung peu à peu an das Gift gewöhnt hatte, das sie in die Pilze getan hatte, und es nun ausgezeichnet vertrug.

Indessen diesmal ließ der Rheinwein die Rheintochter im Stich: er hatte ihr geholfen, den Kaiser zu verführen, er hinderte sie, ihn zu töten. Nicht nur, daß er an des Claudius üblem Befinden nicht schuld war, hob er im Gegenteil die Wirkung des Giftes auf. Mithin tat Seine Majestät nichts anderes, als was jeder Römer nach üppigem Weingenuß stets und sogar gern zu tun pflegte: er erbrach den Wein und mit dem Wein die Pilze und mit den Pilzen das Gift, und fast wäre Agrippina um die Frucht ihres so sinnreichen Mühens gekommen und Nero nicht Kaiser geworden. Indessen ist das wahre Genie der politischen Planung auch auf Zwischenfälle vorbereitet: wie es zu Rom in der Not des Übermaßes die Pflicht jeder treuen Gattin war, so reizte auch die Kaiserin des Kaisers Gaumen mit einer Pfauenfeder, um ihm noch die Erleichterung zu erleichtern und Raum für weiteren Wein zu schaffen. Im Kiel dieser Pfauenfeder befand sich indessen ein zweites und dreifach stärkeres Gift – und so starb Claudius in den Armen seines Weibes, im sicheren Vertrauen auf ihre Liebe und ihre echt frauliche Hilfsbereitschaft, und vor allem im sicheren Gefühl, lediglich betrunken zu sein – ein weltgeschichtlicher Tod und, wie man zugeben wird, einer der schönsten und rührendsten Tode der Weltgeschichte: Rheinwein adelt selbst den Mord.

Agrippina hingegen sollte es nicht so gut gehn. Als man ihr einmal prophezeite, wenn ihr Sohn Kaiser werde, werde er sie ermorden, hatte sie geantwortet: »Soll er mich ruhig ermorden, wenn er nur Kaiser wird!« – und Nero hielt sich daran. Leider teilte er den Abscheu seiner Mutter vor primitiven Beseitigungsmethoden nicht; er schickte einen Mann mit bloßem Schwert zu ihr, der sie stotternd fragte, ob sie gestatte, daß er ihr den Bauch aufschlitze – Nero habe es befohlen. Und Agrippina bot ihren schönen Leib dem Schwerte dar mit den Worten: »Warum nicht? Es ist der Leib, der ihn getragen hat!« So starb sie. Ihre Asche ließ der Sohn in alle Winde streuen, ihre Tempelbilder niederreißen, ihr Name sollte vergessen sein.

Aber damals, als es ihr gelungen war, gerade diesen Nero von Claudius adoptieren zu lassen und ihm damit die kaiserliche Laufbahn zu eröffnen – damals, Anno fünfzig nach Christus, hatte sie aus Dankbarkeit dafür und aus Dankbarkeit für ihren Helfer, den Rheinwein, in ihrem Geburtsort am Rhein einen Agrippinen-Altar errichten und rundherum viele trinkfreudige römische Veteranen ansiedeln lassen, und sie hatte den Ort genannt: Kolonie beim Altar der Agrippina. Aus dem vielsilbigen »Colonia« wurde das einsilbige »Köln«. In Köln siedelten sich die Weinhändler an, die den Rheinwein exportierten nach Rom und weiter nach Byzanz und noch weiter ins ganze Imperium; und so blieb im Namen und in der Stadt Köln das ewige Andenken erhalten an die schöne und gescheite, den Rheinwein wie Männer und die Männer wie Rheinwein konsumierende Kaiserin, an die süße Geliebte, böse Frau und gute Mutter Agrippina.

IX

Wo man singt,
da lass dich fröhlich nieder,
wo man trinkt,
erschallen frohe Lieder
Sprichwort

*

Eine Flasche mit Wein
ist der Sänger Brevierbüchlein
Sprichwort

Achim von Arnim / Clemens Brentano

Trinklied

Erasmus Widtmanns musikalische Kurzweil.
Nürnberg 1623.

Zu Klingenberg am Maine,
Zu Würzburg an dem Steine,
Zu Bacherach am Rhein
Hab ich in meinen Tagen
Gar oftmals hören sagen,
Soll'n sein die besten Wein.
Jung! schenk mir ein
Ein Gläslein fein,
Und bring mirs her,
Wie ichs begehr.
Mein lieber Herr!
Ich will euch diesen bringen,
Frölich und guter Dingen.
Frisch auf ihr Herrn! her und dran,
Das Fäßlein hat kein'n Panzer an.

Bin ich schon nit am Maine,
Zu Würzburg an dem Steine,
Noch diesesmal am Rhein,
Sein dennoch andre Reben,
Die auch gut Säftlein geben,
Lieblich und edle Wein.
Jung! schenk mir ein
Ein Gläslein Wein,
Und bring mir's her,
Wie ichs begehr.
Mein lieber Herr!

Ich kanns euch nit abschlagen,
Will's kecklich mit euch wagen,
Frisch auf ihr Herrn! her und dran,
Das Fäßlein hat kein'n Panzer an.

Im Wirtenberger Lande
Ist weit und breit bekannte,
Das edle Nekarthal,
Da wächst ein gesunder Safte,
Der giebt uns gute Kräfte,
Mit Freuden oftermal.
Jung! schenk mir ein
Ein Gläslein Wein,
Und bring mir's her,
Wie ichs begehr.
Mein lieber Herr!
Ich bitt ihr wöllt mit Freude
Fein redlich thun Bescheide.
Frisch auf ihr Herrn! her und dran,
Das Fäßlein hat kein'n Panzer an.

Und kann ein Land nit haben
Des edlen Weines Gaben,
So führts der Fuhrmann drein,
Darum an allen Orten
Von viel und manchen Sorten
Wird gefunden guter Wein.
Jung! schenk mir ein
Ein Gläßlein Wein,
Und bring mirs her,
Wie ichs begehr.
Mein lieber Herr!
Ich will es jenem bringen,
Thut ihr ein' Weile singen:
Frisch auf ihr Herrn! her und dran,
Das Fäßlein hat kein'n Panzer an.

Im fruchtbarn Taubergrunde
Wächst Wein stark und gesunde,
Auch an viel Orten mehr,
Dabei wir fröhlich singen,
Und oft mit Freuden springen,
Gut Wein jagt Trauern fern.
Jung! schenk mir ein
Ein Gläßlein Wein,
Und bring mir's her,
Wie ichs begehr.
Mein lieber Herr!
Das Wasser g'hört dem Fische,
Der Wein dem Menschen frische.
Frisch auf ihr Herrn! her und dran,
Das Fäßlein hat kein'n Panzer an.

In Oesterreich und Steier
Sind gewachsen fern und heuer,
Gesund und gute Wein,
So die Leut lustig machen,
Daß sie singen und lachen,
Tag und Nacht fröhlich seyn.
Jung! schenk mir ein
Ein Gläßlein Wein,
Und bring mir's her
Wie ichs begehr.
Mein lieber Herr!
Jung! thu das Gläslein schwenken,
Ein frisches einzuschenken.
Frisch auf ihr Herrn! her und dran!
Das Fäßlein hat kein'n Panzer an.

Johann Wolfgang Goethe

Ergo bibamus!

Hier sind wir versammelt zu löblichem Tun,
Drum, Brüderchen! Ergo bibamus!
Die Gläser, sie klingen, Gespräche, sie ruhn,
Beherziget Ergo bibamus.
Das heißt noch ein altes, ein tüchtiges Wort,
Es passet zum ersten und passet so fort,
Und schallet ein Echo vom festlichen Ort,
Ein herrliches Ergo bibamus!

Ich hatte mein freundliches Liebchen gesehn,
Da dacht ich mir: Ergo bibamus!
Und nahte mich traulich, da ließ sie mich stehn;
Ich half mir und dachte: Bibamus!
Und wenn sie versöhnet euch herzet und küßt,
Und wenn ihr das Herzen und Küssen vermißt,
So bleibet nur, bis ihr was Besseres wißt,
Beim tröstlichen Ergo bibamus!

Mich ruft mein Geschick von den Freunden hinweg;
Ihr Redlichen! Ergo bibamus!
Ich scheide von hinnen mit leichtem Gepäck,
Drum doppeltes Ergo bibamus!
Und was auch der Filz von dem Leibe sich schmorgt,
So bleibt für den Heitern doch immer gesorgt,
Weil immer dem Frohen der Fröhliche borgt;
Drum, Brüderchen! Ergo bibamus!

Was sollen wir sagen zum heutigen Tag?
Ich dächte nur: Ergo bibamus!
Er ist nun mal von besonderem Schlag,

Drum immer aufs neue: Bibamus!
Er führet die Freude durchs offene Tor,
Es glänzen die Wolken, es teilt sich der Flor,
Da scheint uns ein Bildchen, ein göttliches, vor;
Wir klingen und singen: Bibamus!

Friedrich Schiller

Punschlied

Im Norden zu singen

Auf der Berge freien Höhen,
In der Mittagsonne Schein,
An des warmen Strahles Kräften
Zeugt Natur den goldnen Wein.

Und noch niemand hats erkundet,
Wie die große Mutter schafft;
Unergründlich ist das Wirken,
Unerforschlich ist die Kraft.

Funkelnd wie ein Sohn der Sonne,
Wie des Lichtes Feuerquell,
Springt er perlend aus der Tonne
Purpurn und kristallenhell.

Und erfreuet alle Sinnen,
Und in jede bange Brust
Gießt er ein balsamisch Hoffen
Und des Lebens neue Lust.

Aber matt auf unsre Zonen
Fällt der Sonne schräges Licht,
Nur die Blätter kann sie färben,
Aber Früchte reift sie nicht.

Doch der Norden auch will leben,
Und was lebt, will sich erfreun;
Darum schaffen wir erfindend
Ohne Weinstock uns den Wein.

Bleich nur ists, was wir bereiten
  Auf dem häuslichen Altar;
Was Natur lebendig bildet,
  Glänzend ists und ewig klar.

Aber freudig aus der Schale
  Schöpfen wir die trübe Flut,
Auch die *Kunst* ist Himmelsgabe,
  Borgt sie gleich von irdscher Glut.

Ihrem Wirken freigegeben
  Ist der Kräfte großes Reich;
Neues bildend aus dem Alten,
  Stellt sie sich dem Schöpfer gleich.

Selbst das Band der Elemente
  Trennt ihr herrschendes Gebot,
Und sie ahmt mit Herdes Flammen
  Nach den hohen Sonnengott.

Fernhin zu den selgen Inseln
  Richtet sie der Schiffe Lauf,
Und des Südens goldne Früchte
  Schüttet sie im Norden auf.

Drum ein Sinnbild und ein Zeichen
  Sei uns dieser Feuersaft,
Was der Mensch sich kann erlangen
  Mit dem Willen und der Kraft.

Clemens Brentano

Der Musikanten schwere Weinzunge

Einer

Euch miteinander hier
Ein Liedlein stimm' ich an.
Bacchus, dein Panthertier
Schaut mich so grimmig an.

Ein Andrer

Fehlet ein Kanter hier,
Zum Sänger nimm mich an.

Chor

Er hat ihn nicht verstanden,
Sein Kopf kam ihm abhanden.
Klar, klar, klar,
Klar sei der Wein!
Sing weiter, sei gescheider,
Schenk klaren Wein ein!

Einer

Ich lob' den Zelter mir,
Der zu dem vollen Faß
Von meiner Kelter hier
Trabt einen tollen Paß.

Ein Andrer

Ja unser Zelter hier
Singt einen vollen Baß.

Chor

Er hat ihn nicht verstanden etc.

Einer

Reichet der Strick mir nicht,
Knüpf ich ein Bändel dran,
Wenn das Geflick mir bricht,
Fange ich Händel an.

Ein Andrer

Brich das Genick dir nicht,
Steil gehet Händelsbahn.

Chor
Er hat ihn nicht verstanden etc.

Einer
Seht mir den Gast hie an,
Der dort mit Ach und Krach
Schwankt wie ein Lastvieh an,
Laut ein Gelach erwach'.

Ein Andrer
Was, der Sebastian
Bach sei von Bacherach?

Chor
Er hat ihn nicht verstanden etc.

Einer
Mond, deine Sichel zwar
Steht heut gar labend da;
Doch Vetter Michel war
Schon gestern abend da.

Ein Andrer

Ei hör, er stichelt gar
Auch den Papa Benda.

Chor

Er hat ihn nicht verstanden etc.

Einer

Wenn auch nach Taubenheim
Weg und Steg schlimmer wär',
Schleppt' ich doch Trauben heim,
Wein trag' ich immer schwer.

Ein Andrer

Pfarrer von Taubenheim
War Zumsteeg nimmermehr.

Chor

Er hat ihn nicht verstanden etc.

Einer

Weil hier ein Weindach ist,
Arm Schlucker schluck, schluck, schluck,
Schluckern ein fein Fach ist,
Nicht bitter Gluck, Gluck, Gluck.

Ein Andrer

Ja groß und einfach ist
Der Ritter Gluck, Gluck, Gluck.

Chor

Er hat ihn nicht verstanden etc.

Einer

Christen wie Heiden blind,
Sind, die ins Glas geschaut,
Ich will dich leiten, Kind,
Nur nach der Nas' geschaut.

Ein Andrer

Er hat von Haydn Wind,
Daß er dem Glas vertraut.

Chor

Er hat ihn nicht verstanden etc.

Einer

Schleiche hinunter mir
Unter die Haube Braut,
O zartes Wunderbier,
Das von der Traube taut.

Ein Andrer

Mozart, das Wundertier,
Schreit selbst der Taube laut.

Chor

Er hat ihn nicht verstanden etc.

Einer

Ich führ' ein Leben stolz.
Wenn meine Kinder schrein,
Streich' ich mit Rebenholz
Ihnen die Hinterlein.

Ein Andrer

Tüchtig mit Rebenholz
Heizt sich der Winter ein.

Chor

Er hat ihn nicht verstanden etc.

Einer

Einst neunzig Schneiderlein
An einem Fingerhut
Trinkend gescheitert sein,
Das ist geringer Mut.

Ein Andrer

Riecht nur ein Schneider Wein,
Wird's gleich ein Singer gut.

Chor

Er hat ihn nicht verstanden etc.

Einer

Den Becher rasch umlaubt,
Nehm' in die Hände ich.
Streue mir Asch' aufs Haupt,
Das Lied vollende ich.

Ein Andrer

Dir heil'ger Fasch, erlaubt,
Den Becher sende ich.

Chor

Er hat uns all verstanden,
Den Rausch wir überwanden.
Klar, klar, klar
War's, wie der Wein,
Und fröhlich, der selig
Gepriesen soll sein.

Wilhelm Müller

Die schönsten Töne

Von allen Tönen in der Welt
Ist keiner, der mir baß gefällt,
Als voller Gläser Klingen,
Wenn einen Spruch, wie 's Herz ihn meint,
Entgegenbringt der Freund dem Freund,
Daß hoch die Tropfen springen.

Auch hör' ich gern des Hammers Schlag,
Der aus den Tonnen allgemach
Den Spund weiß aufzutreiben.
Und wenn der liebe klare Wein
Rinnt plätschernd in die Flaschen ein,
Der Klang ist zum Betäuben.

Hoch springt mir gleich mein Herz empor,
Hör' ich der Winzer Jubelchor
Von einem Berge schallen,
Verkündend gute Erntezeit,
Verheißend Heil und Seligkeit
Uns treuen Zechern allen.

Wer's also meint, der stoße an,
Und wer nicht mit mir singen kann,
Sein Glas das wird doch klingen.
Und wer den Becherklang nicht liebt,
Und wer sich ohne Schmerz betrübt,
Dem soll'n die Kauze singen!

Trinklied im May

Bekränzet die Tonnen,
  Und zapfet mir Wein;
Der May ist begonnen,
  Wir müßen uns freun!
Die Winde verstummen,
  Und athmen noch kaum;
Die Bienlein umsummen
  Den blühenden Baum.

Die Nachtigall flötet
  Im grünen Gebüsch;
Das Abendlicht röthet
  Uns Gläser und Tisch.
Bekränzet die Tonnen,
  Und zapfet mir Wein;
Der May ist begonnen,
  Wir müßen uns freun!

Zum Mahle, zum Mahle
  Die Flaschen herbey!
Zween volle Pokale
  Gebühren dem May.
Er träuft auf die Blüthen
  Sein Roth und sein Weiß;
Die Vögelein brüten
  Im Schatten des Mays.

Er schenket dem Haine
  Verliebten Gesang;
Und Gläsern, beym Weine,

Melodischen Klang.
Giebt Mädchen und Knaben
Ein Minnegefühl,
Und herrliche Gaben
Zum Kuß und zum Spiel.

Ihr Jüngling', ihr Schönen,
Gebt Dank ihm und Preis!
Laßt Gläser ertönen
Zur Ehre des Mays!
Es grüne die Laube,
Die Küße verschließt;
Es wachse die Traube,
Der Nektar entfließt!

Es blühe der Rasen,
Wo Liebende gehn;
Wo Tanten und Basen
Die Küße nicht sehn!
Ihr lachenden Lüfte,
Bleibt heiter und hell;
Ihr Blüthen, voll Düfte,
Verweht nicht so schnell!

Justinus Kerner

Trinklied im Juni

Was duftet von des Berges Haupt
So tief ins Tal hinab?
Die Rebe ist's, die neubelaubt
Sich blühend hebt am Stab.

Was regt sich in des Hauses Grund,
In den Gewölben tief?
Der Wein ist's, der in Fasses Rund
Schon längst gebunden schlief.

Die Blüte hat ihn aufgeregt,
Der Duft im Heimatland,
Daß er, von Sehnsucht tiefbewegt,
Will sprengen jetzt sein Band.

Zwingherren, Freunde, sind wir nicht,
Bringt die Pokale her!
Und laßt den Armen jetzt ans Licht,
Wie er es wünscht so sehr!

Und singend hebt dem Berge zu
Den schäumenden Pokal:
»Befreier, siehst die Heimat du
In Duft und Sonnenstrahl?«

Seht, wie mit tausend Augen er
Die Heimat schaut entzückt,
Aus der die Rebe blütenschwer
Ihm in die Augen blickt!

Er braust, er singt: »Willkommen du,
O Heimat voller Licht!
Und jetzt, ihr Lieben! trinkt nur zu!
Ich bin der letzte nicht!«

Du edler Saft! du dringst mit Macht
Uns in das Herz hinein!
Wohlan! stoßt an! du sollst gebracht
Der teuren Heimat sein!

Und dem, der irrt am fremden Strand,
Und dem in Kerkernot,
Daß ihm erschein' sein Heimatland
Wie dir noch vor dem Tod.

Ludwig Christoph Heinrich Hölty

Trinklied im Winter

Das Glas gefüllt!
Der Nordwind brüllt,
Die Sonn' ist niedergesunken!
Der kalte Bär
Blinkt Frost daher,
Getrunken, Brüder, getrunken!

Die Tannen glühn
Hell im Kamin,
Verstreuen knatternd die Funken!
Der edle Rhein
Gab uns den Wein,
Getrunken, Brüder, getrunken!

Der edle Most
Verscheucht den Frost,
Und zaubert Frühling hernieder;
Der Trinker sieht
Den Hain entblüht
Und Büsche wirbeln ihm Lieder!

Er hört Gesang,
Und Harfenklang,
Und schwankt durch blühende Lauben;
Ein Mädchenchor
Rauscht schnell hervor,
Und bringt ihm goldene Trauben!

Sauf' immerfort,
O Winternord,

Im schneebelasteten Haine;
Nur streu dein Eis,
O lieber Greis,
In keine Flaschen mit Weine!

Die stolze Frau
Färb braun und blau,
Die Ahnenschwindel erfüllet;
Nur mußt du fliehn
Den Hermelin,
Der junge Busen verhüllet!

Ludwig Uhland

Trinklied

Was ist das für ein durstig Jahr!
Die Kehle lechzt mir immerdar,
Die Leber dorrt mir ein.
Ich bin ein Fisch auf trocknem Sand,
Ich bin ein dürres Ackerland;
O schafft mir, schafft mir Wein!

Was weht doch jetzt für trockne Luft!
Kein Regen hilft, kein Tau, kein Duft,
Kein Trunk will mir gedeihn.
Ich trink im allertiefsten Zug,
Und dennoch wird mir's nie genug,
Fällt wie auf heißen Stein.

Was herrscht doch für ein hitz'ger Stern!
Er zehrt mir recht am innern Kern
Und macht mir Herzenspein.
Man dächte wohl, ich sei verliebt;
Ja, ja! die mir zu trinken gibt,
Soll meine Liebste sein.

Und wenn es euch wie mir ergeht,
So betet, daß der Wein gerät,
Ihr Trinker insgemein!
O heil'ger Urban, schaff uns Trost!
Gib heuer uns viel edeln Most,
Daß wir dich benedein!

Johann Heinrich Voss

Tafellied

Odi profanum vulgus et arceo.
Horat.

  Wie hehr im Glase blinket
Der königliche Wein!
Wie strömt sein Duft! O trinket,
Und laßt uns fröhlich sein!
Doch fälscht ein Rebenhasser
Den Feuertrank mit Wasser;
Frisch!
Trommelt auf den Tisch!
  Frisch!
Trommelt auf den Tisch!
Und reicht ihm klares Wasser!

  Der edle Wein erweitert
Des edlen Mannes Herz,
Erhellt den Geist, und läutert
Des Wortes Ernst und Scherz.
Will jemand einen Sparren
Zu viel ins Dach uns narren;
Frisch!
Trommelt auf den Tisch!
  Frisch!
Trommelt auf den Tisch!
Und laßt ihm seinen Sparren!

  Es strahlt, wie Gottes Sonne,
Die Wahrheit allgemein;
Nicht Kirche, Log' und Tonne

Des Denkers schließt sie ein.
Wenn etwa Schält' im Dunkeln
Von eigner Wahrheit munkeln;
Frisch!
Trommelt auf den Tisch!
  Frisch!
Trommelt auf den Tisch!
Und lacht der Schälk' im Dunkeln!

  Kocht thöricht Gold im Tiegel,
Und blast den Diamant;
Raubt Salomonis Siegel,
Der Geister Graun, und bannt!
Doch wird zum Trank der Jugend
Gebraut der Sterne Tugend;
Frisch!
Trommelt auf den Tisch!
  Frisch!
Trommelt auf den Tisch!
Nur Wein ist Trank der Jugend!

  Wer Messe liebt zu plärren
Am hellen Fronaltar,
Der spiel' auch Tempelherren
In weißem Amtstalar!
Doch trennt man uns vom Bunde
Der feuchten Tafelrunde;
Frisch!
Trommelt auf den Tisch!
  Frisch!
Trommelt auf den Tisch!
Und fei'rt die Tafelrunde!

  Beim Trunk gehört ein König,
(So war's in alter Zeit!)

Der, trinkt ein Gast zu wenig,
Ihm Dreimaldrei gebeut!
Doch raunt man von Sankt Petern,
Und unbekannten Vätern;
Frisch!
Trommelt auf den Tisch!
  Frisch!
Trommelt auf den Tisch!
Trotz unbekannten Vätern!

  Wir zechen gern in Frieden,
Und glauben, was man kann!
Im Osten auch und Süden
Wohnt mancher Biedermann,
Doch rühmt ein Schalk uns Kloster,
Tonsur und Paternoster;
Frisch!
Trommelt auf den Tisch!
  Frisch!
Trommelt auf den Tisch!
Und schickt ihn heim ins Kloster!

  Auf! füllt das Glas, ihr Lieben,
Und trinkt den lieben Wein;
Sei's Dreimaldrei, sei's Sieben,
Die bös', auch Dreimalneun!
Doch sperrt ein Schalk den Schnabel
Zu Pfaffentrug und Fabel;
Frisch!
Trommelt auf den Tisch!
  Frisch!
Trommelt auf den Tisch!
Und schlagt ihm auf den Schnabel!

Gottfried August Bürger

Zechlied

Ich will einst, bei Ja und Nein!
Vor dem Zapfen sterben.
Alles, meinen Wein nur nicht,
Laß ich frohen Erben.
Nach der letzten Ölung soll
Hefen mich noch färben.
Dann zertrümmre mein Pokal
In zehntausend Scherben!

Jedermann hat von Natur
Seine sondre Weise.
Mir gelinget jedes Werk
Nur nach Trank und Speise.
Speis und Trank erhalten mich
In dem rechten Gleise.
Wer gut schmiert, der fährt auch gut,
Auf der Lebensreise.

Ich bin gar ein armer Wicht,
Bin die feigste Memme,
Halten Durst und Hungerqual
Mich in Angst und Klemme.
Schon ein Knäbchen schüttelt mich,
Was ich auch mich stemme.
Einem Riesen halt ich stand,
Wann ich zech und schlemme.

Echter Wein ist echtes Öl
Zur Verstandeslampe;
Gibt der Seele Kraft und Schwung

Bis zur Sternenkampe.
Witz und Weisheit dunsten auf
Aus gefüllter Wampe.
Baß glückt Harfenspiel und Sang,
Wenn ich brav schlampampe.

Nüchtern bin ich immerdar
Nur ein Harfenstümper.
Mir erlahmen Hand und Griff,
Welken Haupt und Wimper.
Wann der Wein in Himmelsklang
Wandelt mein Geklimper,
Sind Homer und Ossian
Gegen mich nur Stümper.

Nimmer hat durch meinen Mund
Hoher Geist gesungen,
Bis ich meinen lieben Bauch
Weidlich vollgeschlungen.
Wann mein Kapitolium
Bacchus' Kraft erschwungen,
Sing und red ich wundersam
Gar in fremden Zungen.

Drum will ich, bei Ja und Nein!
Vor dem Zapfen sterben.
Nach der letzten Ölung soll
Hefen mich noch färben.
Engelchöre weihen dann
Mich zum Nektarerben:
»Diesem Trinker gnade Gott!
Laß ihn nicht verderben!«

Johann Wilhelm Ludwig Gleim

Ein Trinklied

Was soll die Zauberei? ihr Brüder!
Kurz ist die Stunde, singet Lieder
Und trinkt und leert das volle Faß!
Die Zeit hat allzustarke Schwingen,
Wer kann sie halten! Laßt uns singen,
Ein jeder fülle sein Glas!

Kurz ist die Stunde! diesem Weine
Gab unser guter Wirt nur Eine,
Nur eine gab er Einem Faß!
Der uns die Eine nur gegeben,
Der soll noch hundert Jahre leben,
Ein jeder leere sein Glas!

Ein jeder hat sein Glas geleeret,
Nur der nicht, dem der Wein gehöret,
O böser Wirt! was heißet das?
Soll dein Exempel uns verführen?
Kein Augenblick ist zu verlieren.
Ein jeder fülle sein Glas!

Wir trinken, unsern Durst zu stillen;
Die Gläser leeren, wieder füllen,
Und wieder leeren, leert das Faß!
Das leere Faß bekömmst du wieder,
Herr Wirt, Geduld! o Brüder! Brüder!
Ein jeder leere sein Glas!

Die Zeit hat allzuschnelle Schwingen,
Kein Augenblick ist zu versingen,

Trinkt, Brüder, trinkt, bezwingt das Faß!
Und du Gesang, den Bacchussöhnen
Gefährlich, weg mit deinen Tönen!
Am besten tönet das Glas!

Ernst Moritz Arndt

Trinklied

Bringt mir Blut der edlen Reben,
Bringt mir Wein!
Wie ein Frühlingsvogel schweben
In den Lüften soll mein Leben
In dem Wein.

Bringt mir Efeu, bringt mir Rosen
Zu dem Wein!
Mag Fortuna sich erbosen,
Selbst will ich mein Glück mir losen
In dem Wein.

Bringt mir Mägdlein, hold und mundlich
Zu dem Wein!
Rollt die Stunde glatt und rundlich,
Greif' ich mir die Lust sekundlich
In dem Wein.

Bringt mir auch – das darf nicht fehlen
Bei dem Wein –
Echte treue, deutsche Seelen
Und Gesang aus hellen Kehlen
Zu dem Wein.

Klang dir, Bacchus, Gott der Liebe,
In dem Wein!
Sorgen fliehen fort wie Diebe,
Und wie Helden glühn die Triebe
Durch den Wein.

Klang dir, Bacchus, Gott der Wonne,
In dem Wein!
Ha! Schon schau' ich Mond und Sonne,
Alle Sterne in der Tonne,
In dem Wein.

Höchster Klang, wem sollst du klingen
In dem Wein?
Süßestes von allen Dingen,
Dir will ich's im stillen bringen
In dem Wein.

August Heinrich Hoffmann von Fallersleben

Trinklied

Dô huob er ûf unde tranc.
Weinschwelg.

Das Glas in der Rechten,
Die Flasch' in der Linken,
So wollen wir fechten,
Nicht wanken, nicht sinken!
Krieg dem Durst und Krieg dem Kummer!
Und ein Bündniß mit dem Wein!
Krieg der Nacht und Krieg dem Schlummer!
Schenkt mir Muth und Feuer ein!

Das Glas in der Rechten,
Die Flasch' in der Linken,
So wollen wir fechten,
Nicht wanken, nicht sinken!
Wohlig sitzen wir im Weinhaus,
Unser Krieg ist wie ein Traum;
Selbst die Welt, das alte Beinhaus,
Hat Respect und rührt sich kaum.

Das Glas in der Rechten,
Die Flasch' in der Linken,
So wollen wir fechten,
Nicht wanken, nicht sinken!
Eine Flasche hat geschlagen
Unsre Feinde kreuz und quer;
Und da stehen wir und fragen:
Giebt's denn keine Feinde mehr?

Das Glas in der Rechten,
Die Flasch' in der Linken,
So wollen wir fechten,
Nicht wanken, nicht sinken!
Und das Ende von dem Liede?
Ei, was machen wir uns draus!
Alles Strebens Frucht ist Friede –
Wir, wir gehn im Sturm nach Haus.

Fidellied

Musikanten wollen wandern;
Ei, die hielte mich wohl fest!
Noch 'nen Trunk, Herr Wirt, vom Roten;
Dann ade, du trautes Nest!

Hoch das Glas! Zu neuen Liedern
Geb es Kraft und Herzenswonne!
Ha, wie lieblich in die Adern
Strömt der Geist der Heimatsonne! –

Wie dort hoch die Wolken ziehen!
Durch die Saiten fährt der Wind;
Und er weht die leichten Lieder
In die weite Welt geschwind.

Musikanten wollen wandern!
Schon zur Neige ging der Wein;
Ziehn die Lieder in die Weite,
Muß der Spielmann hinterdrein.

Gottfried Keller

Trinklied

Die grünen Römer blinken,
Wir trinken draus mit Lust:
Das ist ein fröhlich Leben,
Das hebt die junge Brust!

Die Sonne spielet lieblich
Durch all den klaren Wein,
Sie spiegelt hin und wider
In unsern Äugelein!

Was liegt denn an der Schwelle
Dort für ein bleiches Weib?
Geschlagen und gebunden
Den wunderschönen Leib?

Wie kommt so kranke Dirne
Denn unserm Jubel nah? –
Oh, schleudert weg die Becher!
Das ist Germania!

Wir nehmen still die Hüte
Und schleichen aus dem Schank,
Wie einer, der ein Räuschchen
Sich am Karfreitag trank.

Trinklied

Ich sitze mit steifer Geste
Wie ein Assessor beim Feste.
Mein Herz schlägt hinter der Weste
Was weiß ich.
Hielte der Kragen nicht meinen Schädel,
Er rollte in deinen Schoß, Mädel,
Und tränke Tokayer dort edel
Was weiß ich.

In mir wogt Näh und Ferne.
Prost, goldne Brüder, ihr Sterne!
Die Schenkin aus der Taverne
Was weiß ich.
Bringt einen vollen Humpen.
Nun sauft, ihr gottvollen Lumpen,
Und qualmt mit euren Stumpen
Was weiß ich.

Ich streichle mit weinfeuchter Tatze
Dein zartes Fellchen, Katze,
Schon springt ein Knopf am Latze
Was weiß ich.
Wir wollen das Fest verlassen
Und im Mondschein der alten Gassen
Uns pressen und Liebe prassen
Was weiß ich.

Es sind so viele gegangen,
Die einst an mir gehangen,
Sie soffen mit mir und sangen

Was weiß ich.
Und komm ich einst zu sterben,
Soll eins mir nicht verderben,
Du sollst das eine mir erben
Das weiß ich.

X

Wenn der Trunkene fällt, muss er dem Wein keine Vorwürfe machen.
Sprichwort

Kein Mensch nicht ist, der glauben kann,
was Wein für Schaden richtet an;
zu viel getrunken, sagt die Schrift,
bald sich verkehrt in tödlich Gift.
Sprichwort

Das CV. Ghasel

Wieder hat mich der Wein des Gebrauchs der Sinne beraubet,
Anfangs that er mir schön, später berauscht' er mich dann.

Tausendmal sey es gedankt dem edeln röthlichen Weine,
Daß ich durch ihn das Gelb' meines Gesichtes verlor,

Gerne liebkos't ich die Hand, die zuerst die Trauben gepflückt hat,
Glücklich wandle der Fuß, welcher die Trauben zertrat.

Eingeprägt ist der Stirne das Loos von den Händen des Schicksals,
Was das Schicksal schrieb, scheeret kein Messer hinweg.

Prahle mit Philosophie nicht viel! In der Stunde des Todes
Steht verwirrt und bestürzt selbst Aristoteles da.

Du betrage dich so in deinem Leben auf Erden,
Daß man bei'm Tode nicht sag': *Ewig hin ist er nun todt.*

Von dem Glase voll Weins wird Jeder berauscht mit der Einheit,
Der den lauteren Wein immerfort trinkt wie Hafis.

Gotthold Ephraim Lessing

Der Tod

Gestern, Brüder, könnt ihrs glauben?
Gestern bei dem Saft der Trauben,
(Bildet euch mein Schrecken ein!)
Kam der Tod zu mir herein.

Drohend schwang er seine Hippe,
Drohend sprach das Furchtgerippe:
Fort, du teurer Bacchusknecht!
Fort, du hast genug gezecht!

Lieber Tod, sprach ich mit Tränen,
Solltest du nach mir dich sehnen?
Sieh, da stehet Wein für dich!
Lieber Tod verschone mich!

Lächelnd greift er nach dem Glase;
Lächelnd macht ers auf der Base,
Auf der Pest, Gesundheit leer;
Lächelnd setzt ers wieder her.

Fröhlich glaub' ich mich befreiet,
Als er schnell sein Drohn erneuet.
Narre, für dein Gläschen Wein
Denkst du, spricht er, los zu sein?

Tod, bat ich, ich möcht' auf Erden
Gern ein Mediziner werden.
Laß mich: ich verspreche dir
Meine Kranken halb dafür.

Gut, wenn das ist, magst du leben:
Ruft er. Nur sei mir ergeben.
Lebe, bis du satt geküßt,
Und des Trinkens müde bist.

O! wie schön klingt dies den Ohren!
Tod, du hast mich neu geboren.
Dieses Glas voll Rebensaft,
Tod, auf gute Brüderschaft!

Ewig muß ich also leben,
Ewig! denn, beim Gott der Reben!
Ewig soll mich Lieb' und Wein,
Ewig Wein und Lieb' erfreun!

GEORG WEERTH

Der Wein

Und dem Weisen ist zu gonnen,
Wenn am Abend sinkt die Sonnen,
Daß er in sich geht und denkt,
Wo man einen Guten schenkt.
Volkslied

1.
Der Gott, der uns die Rebe gab,
Der hat uns auch geheißen:
Zu trinken bis ans kühle Grab
Den Roten wie den Weißen.

2.
Es liegt die Welt voll Sonnenschein,
Die grünen Wälder winken.
Wir wolln in einem guten Wein
All unser Leid vertrinken.

Der Wein erfrischt das alte Mark,
Trink nun den Wunderkühlen!
Du wirst dich wie ein Simson stark
In deinen Knochen fühlen.

3.
Du blondgelockter Kleiner,
Geh, sage deinem Herrn:
Ein Fläschlein Nierensteiner,
Den tränk ich gar zu gern.

Du bist ein schönes Kind,
Du blondgelockter Kleiner –
Geh, hole mir geschwind
Ein Fläschlein Nierensteiner!

4.
Die Sonnenrosse lenken
Schon in das Meer hinein –
Wie wär es, wenn wir tränken
Einen guten, kühlen Wein?

Den weißlichen vom Ätna,
Den dunklen von Bordeaux;
Sprecht! Oder seid ihr etwa
Bei rheinischem Weine froh?

5.
Ich bin noch gar so jung
Und liebe schon den Trunk.
O heiliger Sankt Peter,
Was wird aus mir erst später,
Was wird aus mir erst werden, ach,
Wohl über Jahr und Tag!

6.
Spräch einer jetzt: »Mein Sohn,
Wir geben dir zum Lohn
Venedig und Milano –
Treibst du den Trunk piano!«
Ich spräche: »Gottes Wunder, nein,
Bringt mir 'ne Kanne Wein!«

7.
Das Werthchen, das grüne Eiland,
Das liegt im Rhein, bei der Stadt,

Das kennt wohl jeder, der weiland
Zu Köln geliebet hat.

Dort saßen wir oft und lallten
Viel fromme Abendgesäng;
Die Domesglocken schallten
Herüber mit ernstem Gekläng.

Die vollen Römer blickten
Smaragdenen Augs uns an;
Die kölnischen Banner nickten
Von Türmen und Altan.

Die kölnischen Banner winken
Mit rot und weißem Schein,
Und die Leute in Köln, die trinken
Viel roten und weißen Wein.

8.

In lauen Sommernächten,
Wo alles wundersam,
Da war es, daß wir zechten
Bis daß der Morgen kam.
Ein Wetterleuchten zuckte
Bisweilen übern Rhein;
Das stille Mondlicht blickte
In unsre Becher hinein.

Es sang mit süßem Schalle
Im tiefen Stromestal
Die schöne Nachtigalle
Von ihrer Liebesqual.
Und um die Berge flogen
Die Nebel wunderbar:
Als käme angezogen
Eine luftige Geisterschar.

Die Lindenzweige rauschten
Um unsern Tisch herum:
Wir horchten und wir lauschten
Und wurden still und stumm.
Wohl halb im Traume blickten
Wir in den grünen Rhein;
Und bückten uns und nickten
Und schlummerten endlich ein.

9.
Der Wein ist mein Vergnügen!
Ich wollt, das ganze Meer
Wär Wein und ich ein Walfisch,
Der schwömme drüber her.

Die Berge, Felsen, Inseln,
Die säuselten sich voll
Des kühlen Tranks und würden
All miteinander toll,

Und fingen an zu tanzen
In ihrer großen Kraft:
Der Nordpol und der Südpol,
Die tränken Bruderschaft.

In langen Zügen schlürfte
Die Sonne aus der Flut,
Verlöre die Balance
Und jagte fort in Wut,

Ergriffe bei den Schultern
Den alten Uranus,
Zu einem Riesenwalzer
Erhöben sie den Fuß.

Kometen, Monde, Sterne,
Die flögen hinterdrein –
Das würd am andern Tage
Ein Katzenjammer sein!

10.

Sei still, du sollst nicht traurig sein!
Ich laß die Saiten klingen,
Ich will von Brandeliedelein
Und Parzival dir singen.

Ich will dir bis um Mitternacht
In bunt phantast'schen Bildern
Entfernter Länder Lust und Pracht
Und grüne Meere schildern.

Ich führe dich durchs Hügelland
Hinaus zum blauen Strome,
Wo Burgen ragen übern Strand
Und steingehaune Dome.

Zur Alpe, wo der Adler kreist,
Dem Tannenforst entstiegen,
Zur Stadt, die man Venedig heißt,
Wo prächt'ge Gondeln liegen.

Ich zeige dir im Mondenstrahl
Die Inseln der Hellenen;
Ich will dich mit ins Blumental
Zu frommen Völkern nehmen.

Du sollst dich wiegen auf der Flut
Mit einem schönen Schwane,
Du sollst dich sonnen in der Glut
Erzitternder Vulkane.

Ich will im düstern Lorbeerwald
Das Grab der Dichter sprengen,
Daß die Provence widerhallt
Von tönenden Gesängen.

Du sollst die ew'ge Roma sehn,
Mit Tempeln wild zerrissen;
Du sollst hoch in den Pyrenän
Ein spanisch Mädchen küssen!

Und willst du dennoch traurig sein?
Wohlan, du deutsch Gemüte,
So nimm doch diesen Becher Wein
Und diese Rosenblüte!

11.

O Friederich! O Friederich!
Ich war erstaunlich liederlich.
Im rötlichen Wein ist alles verschlemmt,
Der Rock, die Hose, der Hut und das Hemd.

Doch fröhlich bin ich und wunderkühn,
Da nun am Strande die Rosen blühn.
Ich springe hinab in den grünen Strom
Und schwimme vorüber an Burg und Dom.

Ein schmucker Delphin kommt eben daher,
Er trägt mich hinunter ins stille Meer.
Gen Westen ist unser Zug gewandt:
Gott grüße dich, schönes Engelland!

Gott grüße dich, Spanien und Portugal!
Ich fliege dahin auf der Wogen Schwall.
Die Nixe singt und der Haifisch springt,
Ein Möwenlied in den Lüften erklingt.

Dort steigen die grünen Inseln herauf,
Dort nehmen mich freundliche Völker auf.
Und König werd ich zur selbigen Stund,
Dieweil ich am meisten vertrinken kunnt.

Nun seufz ich nicht länger – ich säufe nur,
Mein Minister ist ein Mundschenke nur,
Mein Geheimrat singt wie die Nachtigall –
Und wild wächst der Wein im Gebirg und im Tal.

Wie mag es da drüben in Deutschland sein?
Ach Bruder, grüße die Deutschen fein.
Ach grüße mir jeden, der mich kennt,
Und jeden schönen deutschen Student.

12.
Auf meiner Lippe brennend Rot
Blüht nun die fürchterlichste Not,
Da blüht wie auf verdorrter Flur
Das bittre Kraut des Durstes nur.

Zwar hab ich frühe schon und spät
Versucht, was mich kurieren tät:
Liebfrauenmilch genoß ich schon
Als neugeborner junger Sohn.

Und frischte drauf den trocknen Schlund
Mit Wein aus Spanien und Burgund.
Ja mehr des goldnen Weins ich trank,
Als Regen auf die Felder sank,

Als Wasser einst im Meere floß,
Drin Pharao mit Mann und Roß
Zugrunde ging! Ja Wein soviel,
Als Wasser übern Rheinfall fiel! –

Doch immer, wie zu alter Zeit,
Plagt mich dasselbe Kreuz und Leid;
Es stachelt mich des Durstes Dolch,
Als bissen Schlangen mich und Molch.

Und preßtet ihr am ganzen Rhein
All Trauben in ein Faß hinein:
Ich tränk es aus auf einen Zug –
Und hätt noch immer nicht genug.

Und nähmt ihr aus dem ew'gen Rom
Die Kuppel von Sankt Petri Dom
Und fülltet sie mit rotem Wein –
Der Becher wär mir noch zu klein!

Drum hab ich lange schon gesagt:
O schrecklich, wen das Dürsten plagt!
Er ist wie ein verlaßnes Kind,
Das nirgends Ruh und Freude find't.

13.
Zu Feste lief ich wohl
Von hier bis nach Tirol,
Ich lief drei Meilen weiter,
Ich liefe froh und heiter
Für eine Kanne Wein
Bis in den Mond hinein.

Wär ich ein hohes Tier
Und hörte alles mir,
Und tät in meinen Reichen
Die Sonne nie erbleichen –
Gerät' am Rhein die Rebe nicht,
Ich war ein armer Wicht.

14.
Ich mag nicht räsonieren
Ins Dunkelblaue hinein!
Viel lieber will ich probieren
Einen kühlenden Abendwein.

Zwar vor den Herrn Gelahrten,
Da habe ich großen Respekt,
Sie haben schon manche Arten
Geschichten ausgeheckt.

Auch habe ich stets gefunden:
Den Schelling, Hegel, Kant,
Die hat man immer gebunden
In einen Schweinslederband.

Man sagt, daß dies eine Ehre
Für Menschenkinder sei –
Drum, wenn der Wein nicht wäre,
Da studiert ich Philosophei!

15.
Herr König, Ihr, in Gold und Samt,
Ihr seid ein hochgepreister!
Sagt, habt Ihr nicht ein kleines Amt
Als Obertrinkemeister?

Studieren tät ich manches Jahr
Am Neckar und am Rheine
Und an der Mosel und der Ahr
In rot und weißem Weine.

Beim Löwenwirte an der Lahn
Und seiner schönen Schwester
Hab ich mein Geld und Gut vertan
Und blieb dort zwölf Semester!

Bis mein Examen kam heran –
Da war Herr Hans gar fleißig:
Der Fässer größtes stach er an
Vom Jahre vierunddreißig.

Aus allen Schenken nah und fern
Erschienen vor den Toren
Der Fakultät gelahrte Herrn
Und spitzten ihre Ohren.

Und ich dozierte blitzgeschwind
Und wies vor allen Dingen,
Daß Kölner Schoppen kleiner sind
Als die zu Mainz und Bingen,

Und daß hier Simrock, der Poet,
Als Winzer auch zu schauen,
Wenn er zum Menzenberge geht,
Sein Drachenblut zu bauen. –

Mein römisch Glas, so hell und rein,
So grün und bunt gekräuselt,
Erhub ein besseres Latein
Als Cicero gesäuselt.

Da schrieb man mein Diploma gut
Auf Pergament und Leder
Und steckte auf den Doktorhut
Mir eine Pfauenfeder.

Die Bauern aus dem Binger Loch
Hab ich zum Schmaus genommen;
Doch bin ich, leider, nimmer noch
Auf grünen Zweig gekommen.

Drum König, Ihr, in Gold und Samt,
Ihr hoch und sehr gepreister,
Sagt, habt Ihr nicht ein kleines Amt
Als Obertrinkemeister?

Gebt mir, soviel ein ehrlich Mann
Mit Würde weiß zu fassen,
Und habt Ihr keine Lust – wohlan,
So mögt Ihr's bleiben lassen.

16.
Es sehnt sich meine Seele
Nach einem kühlen Trunk.
Den besten, den ich wähle,
Der ist nur gut genung.
Er steht so schön im Glase
Und gibt so lichten Schein,
Wie Morgentau im Grase,
Wie Rosen auf dem Rain.

Ich fange an zu singen
Vom König Salomo,
Vom Fürst zu Flachsenfingen –
Und bin in dubio,
Ob nicht die blühnde Rebe
So jugendlich und hold
Viel besser sei als Stäbe
Von Silber und von Gold;

Ob man in jenen Welten,
Sind wir nicht fromm gewest,
Das Böse zu vergelten
Uns schrecklich dürsten läßt;
Ob oder arme Seelen
Man zu erfreuen denkt

Und die erschlafften Kehlen
Mit Geisenheimer tränkt?

Ich weiß nicht – und es kümmert
Mich wenig auch; wenn gut
Nur meine Flasche schimmert,
Da bin ich hochgemut.
Da ist zum Paradeise
Mir rings die Welt erblüht,
Da sing ich leise, leise
Ein alt verschollen Lied.

17.

Und als ich einst am frühen Tag
Den großen Henkelkrug zerbrach:
Da ist der Wein geflossen
Wohl in die duftigen Sprossen.
Da tranken die Blumen groß und klein
Von meinem kühlen Klosterwein.

Da kamen Schmetterlinge bunt
Herüber aus dem Wiesengrund.
Da kamen lust'ge Fliegen,
Die täten im Kreise liegen,
Im Kreise wohl bis zum Abendschein
Bei meinem kühlen Klosterwein.

Da wurde mancher Trunk getan,
Da hub der Maienkäfer an:
»Mir ist so wohl zumute,
Als ob ich auf Lilien ruhte,
Als blühte schöner die Seele mein
Von diesem kühlen Klosterwein.«

Da sprach die Bienenkönigin:
»Wie ist so lind mein hoher Sinn!
Komm her, daß ich dich drücke,
Komm her, verliebte Mücke,
Komm her, wir tanzen den Ringelreihn
Wohl um den kühlen Klosterwein!«

Da war besäuselt gar und ganz
Der jugendliche Schwalbenschwanz,
Er strich wohl durch die Moose:
»Zieht aus mir Mantel und Hose,
Ich habe getrunken zu großer Pein
Von diesem kühlen Klosterwein!«

Die Bremse war schon hoch betagt,
Sie hat kein einzig Wort gesagt,
Sie klagt' um ihre Tugend
Und die verlorene Jugend.
Sie hat sich ersäufet so stumm, allein
Tief in dem kühlen Klosterwein!

Und stille ward es rings umher,
Kein Jubeln und kein Singen mehr.
Es kam die Nacht geschritten,
Die Bremse hat ausgelitten.
Sie starb und rief in das Tal hinein:
»Leb wohl, du kühler Klosterwein!«

18.
Ich ließ das Roß zu Tale lenken,
Da traf ich zwei Gesellen fein,
Das war in einer alten Schenken
Der rote und der weiße Wein.

Sie sahn mich an aus großen Krügen,
Wie Gold und Rosen schauten sie.
Mein Herz empfand ein still Vergnügen,
Mir ward, ich wußte selbst nicht wie.

Kaum sah ich hell den Weißen funkeln,
Da half kein Bitten und kein Flehn.
Und sah ich, ach, den Roten, Dunkeln –
Da war es gleich um mich geschehn!

Wollt wandern ich am Morgen gerne:
Sah mich der Rote lockend an.
Und wollt ich ziehn beim Glanz der Sterne –
Hatt's mir der Weiße angetan!

Mir war's, zwei tolle Teufel zwackten,
Der ein am Bart mich armen Tropf,
Indes des andern Fäuste packten
Und zögen mich an meinem Zopf.

Sie zogen mich von Nacht bis Morgen,
Zwackten von Woche mich zu Mond:
Und Jahr und Tag hab ich verborgen
Bei den Gesellen schon gewohnt.

Nun oft, wenn in den Lindenbäumen
Der stille Mond spazierengeht:
Da ist's, daß mir ein seltsam Träumen
Leis schauernd durch die Seele weht.

Da träum ich wohl: die alte Schenke,
Die würde endlich still und leer –
Sie brach zusammen – und ich tränke
Wohl nimmer Oberingelheimer mehr.

19.
Gott grüß dich, alte Schenke,
Mit deinem runden Schild!
O gib ein gut Getränke,
Das meinen Kummer stillt.
O gib vom selben Weine,
den ich in Lust und Not
Wohl trank beim Abendscheine
Mit Freunden, die nun tot.

Da draußen stand die Erle
Und schlug ans Fenster leis;
Hier innen stieg die Perle
Im Glase silberweiß.
Und ringsumher Gesichter,
So lieb und wohlbekannt:
Der alte Friedensrichter
Saß oben an der Wand

In rotgeblümter Weste –
Ich mein, ich säh ihn noch,
Wenn er die andren Gäste
So fürchterlich belog,
Wenn er vom letzten Kriege
Erzählte wie ein Buch
Und fluchend nach 'ner Fliege
Mit beiden Fäusten schlug.

Ganz nah an seiner Seite,
Die Brille auf der Nas,
Der wunderbar gescheite
Magister loci saß.
In Heidelberg studiert' er
Philosophie und Jus,
Und sonderlich zitiert' er
Den Jobs und Tacitus.

Es lärmt' und schrie so heiser
Der dünne Advokat,
Die Kön'ge und die Kaiser
In Acht und Bann er tat.
Mit seinem Ziegenhainer
Hätt er sie gern entthront,
Auch hat den Nierensteiner
Er nimmermehr geschont.

Er trank – nur einer fand sich,
Der schärfer trank als er:
Trank er der Schoppen zwanzig –
Der Küster trank noch mehr!
Mit würdevollen Mienen
Sah er ins Glas hinein,
Wie Schimmer von Rubinen
War seiner Wangen Schein,

Und seine Stimme tönte
So schauerlichen Baß,
Als ob im Keller dröhnte
Ein altes Mutterfaß,
Als ob die Orgeln brummten
In aller Christenheit –
Wir staunten und verstummten
Für eine lange Zeit.

Und jedem Herzen bangte,
Bis daß der Musikant
Die braune Geige langte
Hernieder von der Wand.
Er strich die glatten Saiten,
Er strich sie hell und rein;
Wir täten ihn begleiten
Mit einem Chorus fein.

So war es einst! – Gekommen
Ist nun der Winter kalt,
Hat Blum' und Blut genommen
Aus Wiesen, Berg und Wald.
Verschwunden und vergessen
Sind, ach, für immerdar,
Die fröhlich hier gesessen
Manch langes liebes Jahr;

Die einst in Lust geschwommen
Und großer Freudigkeit,
Wenn da ins Land gekommen
Die Krammetsvögelzeit;
Die im gewölbten Saale
Erhuben Klang und Sang,
Wenn man zum ersten Male
Den neuen Weißen trank;

Die sich zusammenfanden
An Sankt Martini Tag,
Wenn man in allen Landen
Die Gans zu essen pflag;
Die nie nach Hause kamen,
Als wenn sie still entzückt
Und auch in Gottes Namen
Einen Rausch darauf gedrückt.

Was mag es doch bedeuten,
Mein Herz ist so voll Gram?
Die Abendglocken läuten
Da draußen wundersam.
Ich sah den Mond erscheinen,
Der durch die Wolken bricht,
Und weiß nicht, soll ich weinen,
Oder wein ich lieber nicht?

Drum hurtig zugegossen!
Ein überschäumend Glas:
Den seligen Genossen,
Euch Toten bring ich das!
Bis in die Gräber rauschet
Wohl dieser volle Klang:
Ihr fahrt empor und lauschet
Und winket: »Habe Dank!«

Bordeaux

Ich war zu hastig aus dem Taxi ausgestiegen. Auf den Fersen schaukelte ich nach hinten, um mich wieder zu fangen, und stellte fest, dass es am besten war, mich ans Taxi zu lehnen und nach oben zu gucken, wenn ich mein Gleichgewicht wiedererlangen wollte. Der Himmel war schwarz und undurchdringlich, einige Sterne funkelten, aber ich konnte nicht mehr so viele erkennen wie früher. Einmal den Blick gehoben, fiel es mir schwer, ihn wieder zu senken.

»Ist alles in Ordnung, mein Herr?«, fragte der Fahrer. Ein jüngerer Mann hätte mich wahrscheinlich beschimpft, weil ich gegen sein Taxi gestoßen war; dieser Mann entstammte einem Zeitalter, in dem Taxifahrer noch Droschkenkutscher hießen und Kunden mit »mein Herr« oder gar »gnädiger Herr« angeredet wurden.

Alles in Ordnung? Gute Frage. Nicht so leicht zu beantworten. Es erforderte einige Überlegungen, bevor ich darauf etwas erwidern konnte. Ich sah auf zum Sternenhimmel und dachte über die Frage nach.

»Das macht fünfzehn Pfund, mein Herr«, sagte der Fahrer.

Mir wurde bewusst, dass ich ihm eine Antwort schuldig geblieben war. Ich zog einige Scheine aus einem Bündel, das ich in einer Geldklammer aufbewahrte, und bezahlte ihm irgendeine Summe. Ich weiß nicht mehr, wie viel es war, aber der Mann schien damit zufrieden.

»Alles Gute für Sie, gnädiger Herr«, sagte er und fuhr davon.

Ich schaukelte wieder auf den Fersen, ein angenehmes Gefühl. Noch einmal bekam ich ein Stück vom Nachthimmel zu sehen und, als mein Gewicht sich wieder auf die Zehen verlagerte, ein Stück der Fassade des Restaurants vor mir. Ein kleines diskretes Schild zeigte »Les Tripes de Normandie« an, ein sehr gut gehendes Restaurant, wie ich gehört hatte. Ich war noch nie dort gewesen. Ich ging nicht gerne zweimal in das gleiche Lokal, es sei denn, es war wirklich ausgezeichnet. Neuerdings gab es immer Ärger, wenn ich ein Restaurant aufsuchte, in dem ich schon mal gegessen hatte. Das Schild gefiel mir. Die Schrifttype war vermutlich Arial, und die Beleuchtung war raffiniert, die Zeichen aus Neonröhren, in einem gebrochenen Weiß, fast cremefarben, vor einem polierten schwarzen Marmorband.

Angeblich war der Küchenchef hervorragend. Er hatte ein Menü kreiert, das auf ländlichen französischen Gerichten basierte und sie zur Kunstform erhob. Er trat in zahlreichen Kochshows im Fernsehen auf, das Publikum verehrte und bewunderte ihn. Ich zitiere hier nur aus der Website, die Küche eines Restaurants interessiert mich eigentlich gar nicht. Es ist die Weinliste, der meine Aufmerksamkeit gilt. Als ich die Website von »Les Tripes« aufrief, hatte ich gleich als Erstes die Weinliste angeklickt und entdeckt, dass sie einen 82er Château Pétrus anbot. Wie das Wetter in Westfrankreich zu der Zeit war, weiß ich nicht, aber ich hatte etwas darüber gelesen. Das Frühjahr war kühl, darauf folgte ein warmer Sommer, der sich bis in den September hinzog: endlose Sonnentage, wenig Regen. Die Bedingungen für die Weinberge bei Bordeaux waren in diesem Jahr ideal. Der 82er ist daher ein Jahrgang, der scheinbar ewig währte. Er ist ein Klassiker. Kein Wunder, dass es immer schwieriger wird, ihn aufzutreiben.

Einen 82er Pétrus auf der Weinkarte, das ist, als hätte man einen Diamanten auf der Straße gefunden. Die Rebfläche des Weinguts beträgt nur 11,3 Hektar, jährlich werden etwa 25 000 Flaschen produziert. Die Trauben werden gelesen, vierundzwanzig Tage lang vergärt und anschließend in Betontanks mazeriert. Danach lässt man den jungen Wein zwanzig Monate in Eichenfässern heranreifen, bevor er in Flaschen abgefüllt wird. Jetzt braucht man nur noch fünfzehn bis zwanzig Jahre zu warten, bis man ihn trinken kann. Selten stößt man heute auf einen 82er Pétrus oder auf einen der früheren Jahrgänge, doch wenn man irgendwo eine Flasche aufgetrieben hat, sollte man die Gelegenheit nutzen. Der Wein ist nicht billig, auf der Website des Restaurants wurde die Flasche für 3000 Pfund angeboten; aber für einen passionierten Weintrinker, hat er erst mal gefunden, was er gesucht hat, ist das unerheblich. Das habe ich schon immer gesagt.

Zu Hause hätte ich diesen besonderen Jahrgang Pétrus nicht trinken können. Ich besitze zwar sehr viel Wein, den ich von Francis Black übernommen habe. Manche Leute würden sogar sagen, es sei unvorstellbar viel Wein. Aber ein Château Pétrus 1982 war nicht darunter.

Ich hatte aufgehört, auf den Fersen zu schaukeln, und beschloss, in das Restaurant zu gehen. Kaum war ich durch die Tür getreten, wurde mir der Mantel abgenommen: »Mr Wilberforce?«

Ich nickte, und der Kellner fragte mich, ob er mich an meinen Tisch führen dürfe. Das Restaurant war ziemlich leer. Es hatte gerade erst geöffnet, es war kurz nach neunzehn Uhr. Ich gehe gerne am frühen Abend in Restaurants, damit ich dort sehr lange bleiben kann, wenn mir danach ist – wenn zum Beispiel auf der Karte mehrere verschiedene Weine aufgelistet sind, die ich probieren möchte. Falls ich nur einen einzigen Wein interessant finde, kann ich mein Essen einnehmen und ein, zwei Flaschen Bordeaux trinken, und ich bin wieder draußen, bevor es voll wird und die Gefahr besteht, dass ich abgelenkt werde.

Ich betrat einen warmen, dezent erleuchteten Raum. Die Tische waren aus dunkler Eiche, mit weißen, quadratischen Leinendecken. Zwei Kellner waren noch dabei, die Tischkerzen anzuzünden. Ein anderer korrigierte mit mikroskopischer Genauigkeit die Ausrichtung der Messer und Gabeln, hob die großen, kelchartigen Weingläser hoch und inspizierte sie auf Staubpartikel. Ein Mädchen legte letzte Hand an ein üppiges Blumengesteck in der Mitte des Raums. Neben der Schwingtür zur Küche stand, im Gespräch mit dem Koch, in einer makellosen marineblauen Uniform, eine wichtig aussehende Person, die ich für den Oberkellner hielt. Ein weiterer Kellner, in weißem Hemd und schwarzer Weste, ordnete hinter der Theke die Flaschen auf den Regalen und fuhr mit einem Staubwedel an ihnen entlang, so dass sie in dem von den Spiegeln dahinter reflektierten Licht wieder blitzten und schimmerten. Der Tresen selbst war ein tiefer Pool aus Mahagoni, auf dem Aschenbecher aus Kristallglas glitzerten. Auch er wurde ein letztes Mal poliert, wie ich beobachtete, und die Aschenbecher, obwohl bereits sauber, wurden hochgehoben und noch einmal ausgewischt.

»Möchten Sie erst an der Bar etwas trinken, oder soll ich Sie gleich zu Ihrem Tisch führen?«

Mir wurde bewusst, dass ich mitten in dem leeren Restaurant stehen geblieben war, seinen starken Zauber auf mich wirken ließ, als würde sich der Vorhang vor einem Bühnenbild heben und den Blick freigeben auf ein aufgeräumtes Wohnzimmer, in dem sich gleich ein noch verborgenes Drama entfalten wird. Ich liebe die frühen Abendstunden in fast leeren Restaurants. Ich liebe die gedämpfte Stille, das Flüstern der Kellner, die auf Bestellungen warten, das ferne Klappern und die Rufe aus der Küche, wenn die Türen für einen Moment auffliegen, dann wieder zuklappen und den Lärmfluss abschneiden. Ich liebe den Glanz der Gläser und Bestecke im Kerzenschein, die Reinheit all dessen, und die Ordnung.

»Ich möchte gerne gleich an meinen Tisch«, sagte ich.

Der Kellner brachte mich zu einem Ecktisch und zog den Stuhl etwas zurück, so dass ich mich hinsetzen konnte. Dann gab er mir die Speisekarte und fragte, ob ich etwas zu trinken wünsche. Ich bat um ein Glas Wasser und um die Weinkarte.

»Der Sommelier kommt sofort zu Ihnen«, sagte der Kellner. Gespannt sah ich mich im Raum um. Mein Glück lag in der Hand des Sommeliers. Verstand er wirklich etwas von Weinlagerung? Wusste er, wie man eine Flasche öffnete? Wie man den Wein dekantierte? Wie man ihn eingoss? Ich habe selbst erlebt, wie ein sehr guter Margaux durch einen ungeschickten Weinkellner verdorben wurde. Er brachte es fertig, ihn in mein

Glas zu schütten, samt Korkstückchen, als würde er Bier einschenken.

Mein Blick fiel zufällig auf einen großen Mann in einer schwarzen Schürze, der eine Weinprobierschale an einer Kette um den Hals trug. Gemächlich schlenderte er in meine Richtung, in der Hand die in Leder gebundene Weinkarte. Er war ein ernsthafter Mann mit einem buschigen Schnauzbart, und seine Haut wies die edle Tönung eines Menschen auf, der sich die meiste Zeit seines Lebens mit Wein beschäftigte. Ich war mir sicher, dass er gut für mich sorgen würde. Er gab mir die Karte, verbeugte sich und zog sich zurück.

Ich überlegte kurz, wählte etwas zu essen aus, lehnte mich dann zurück und blätterte in der Weinkarte. Mein Herz pochte laut. Mir war gerade der Gedanke gekommen, dass der 82er Château Pétrus vielleicht nur deswegen noch auf der Website des Restaurants aufgeführt war, weil sich keiner die Mühe gemacht hatte, die Liste auf den neuesten Stand zu bringen. Wenn ich es mir recht überlegte, war es sogar sehr wahrscheinlich, dass alle 82er längst verkauft und ausgetrunken waren. Was sollte ich in dem Fall tun? Hastig blätterte ich die pergamentartigen Seiten der Karte um, bis ich auf die Titelzeile »Roter Bordeaux« stieß. Erleichtert atmete ich auf, der Château Pétrus stand noch da. Die ganze Zeit hatte ich den Atem angehalten. Bevor noch jemand anders auf die Idee kam, den gleichen Wein auszusuchen und die letzte Flasche zu trinken, winkte ich dem Sommelier.

Er kehrte zurück an meinen Tisch. »Monsieur haben entschieden? Oder darf ich Ihnen vielleicht etwas empfehlen?« Er war Franzose, noch ein gutes Zeichen.

»Nein. Ich hätte gerne den Château Pétrus. Den 82er.«

Der Sommelier wich einen Schritt zurück. Er sah mich an und musterte meine Garderobe, die nicht die allerneueste war. Ich habe in letzter Zeit keinen großen Wert auf gepflegte Kleidung gelegt. Der Kellner sah mich erneut an und entschied, dass ich es ernst meinte. »Den Château Pétrus? Monsieur sind sich ganz sicher?«

»Ja. Ganz sicher.«

»Verzeihen Sie, aber haben Monsieur den Preis gesehen? Es ist unser teuerster Wein.«

»Ich habe den 75er getrunken, den 78er und den 79er. Den 82er habe ich bisher noch nicht getrunken.«

Der Sommelier gewährte mir eine tiefe Verbeugung. »Ich muss gehen, den Wein holen. Es ist ein ganz großartiger Wein. Man darf ihn nicht in Eile trinken.«

Ich lachte ihn an. Er erwiderte mein Lachen. Wir verstanden uns. Der Preis bedeutete nichts. Es war ein großartiger Wein, ein Klassiker des letzten Jahrhunderts, vielleicht der beste Wein aller Zeiten. Ihn zu trinken war allein schon ein Akt der Leidenschaft, ein Akt von großer Kunstfertigkeit. Das Geld war unerheblich.

»Moment«, sagte ich und zog noch einmal die Weinkarte zu Rate. »Als Vorspeise nehme ich ein Escalope de foie gras. Dazu hätte ich gerne eine halbe Flasche guten Sauternes. Den 86er Château Rieussec.«

»Selbstverständlich, Monsieur«, sagte der Sommelier und verneigte sich wieder leicht. Er nahm mir die Weinkarte ab und trat ein paar Schritte zurück, als würde er sich von königlichen Hoheiten entfernen, bevor er sich leise davonmachte. Ich sah, wie er mit dem Oberkellner am anderen Ende des Raums ein paar Worte wechselte, woraufhin dieser streng zu mir herüberblickte.

Im nächsten Moment stand er auch schon, übers ganze Gesicht strahlend, an meiner Seite. »Haben Sie bereits entschieden, was Sie essen möchten?«, fragte er mich. »Oder darf ich Ihnen etwas empfehlen? Den Wein haben Sie wohl schon ausgewählt.«

Ich bestellte die Gänseleber und noch etwas anderes. Ich glaube, es war Lammkarree, und in der Speisekarte stand »ab zwei Personen«, aber ich würde sowieso von keinem der Gerichte, die ich bestellte, viel essen. Das saftige Lammfleisch würde den Geschmack des herrlichen Bordeaux nur voll zur Entfaltung bringen.

Der Oberkellner versuchte kurz, ein Gespräch in Gang zu

bringen. »Von diesem bestimmten Jahrgang verkaufen wir nur sehr wenige Flaschen. Wenn ich mich recht erinnere, sind nur noch zwei übrig. Jacques wird Ihnen gleich eine aus dem Keller bringen. Ich vermute, Sie sind ein großer Weinkenner.«

»Das kann ich nicht beurteilen«, sagte ich, »aber es stimmt, ich sammle Wein. Mittlerweile habe ich schon so einige Flaschen in meinem Keller.«

»Eine große Sammlung, nehme ich an. Jacques hat mir gesagt, Sie würden bereits mehrere Jahrgänge von dem Pétrus kennen.«

»Ich weiß nicht, was Sie als groß bezeichnen würden«, sagte ich. »Die eine oder andere Sorte ist schon darunter. Ungefähr einhunderttausend Flaschen.«

Wenn ich das erzähle – und ich gehe damit nicht hausieren –, glauben die meisten, ich mache einen Witz oder ich wäre verrückt. Wenn es verrückt ist, einhunderttausend Flaschen zu besitzen, dann bin ich allerdings verrückt. Aber ich betrachte die Sammlung eher als eine Investition, keine finanzielle, vielmehr eine Garantie, dass ich für den Rest meines Lebens jederzeit erlesenen Wein trinken kann. Die meisten Flaschen habe ich von Francis Black geerbt.

Der Oberkellner hielt mich auf jeden Fall für verrückt. Er richtete sich auf, und das Lächeln auf seinem Gesicht erstarb. »Allerdings, Sir«, sagte er. »Das ist eine sehr große Sammlung. Noch einen angenehmen Abend, Sir.«

Er ging, ich war erleichtert. An Abenden wie diesem brauche ich meine ganze Konzentration, um das Erlebnis des Weintrinkens voll und ganz auszuschöpfen. Gespräche können dabei eine ungeheure Ablenkung sein, und Smalltalk habe ich in letzter Zeit sowieso vermieden. Doch dann kam der Oberkellner mit einem kleinen Silbertablett zurück.

»Wenn ich mir einen Abzug Ihrer Kreditkarte machen dürfte, Sir«, sagte er unterwürfig. »Normalerweise würde ich Sie damit nicht behelligen, aber da die Geldsumme doch sehr hoch ist ...« Seine Stimme verlor sich in einem undefinierbaren Flüstern.

»Ich benutze keine Kreditkarten«, sagte ich und zog mein

Bündel Banknoten hervor. Meistens steckte ich zwischen fünf- und zehntausend Pfund in bar ein, bevor ich ausging. Die Bank hielt immer einen Umschlag für mich bereit, wenn ich einmal die Woche vorbeikam, um mir mein Taschengeld abzuholen, und ich achtete darauf, dass ich zusätzlich noch eine Reserve hatte, falls ich unterwegs auf einen interessanten Wein stieß. Ich legte das Bündel auf das Tablett. »Nehmen Sie sich die Summe, für die ich verzehre, und geben Sie mir den Rest zurück, wenn ich gehe«, sagte ich zu ihm.

Der Oberkellner blickte mich entsetzt an und gab mir das Bündel auf der Stelle zurück. »Das ist nicht nötig, Sir«, sagte er. »Ich wusste nicht, dass Sie bar zahlen wollen ... Entschuldigen Sie die Störung ... Sehr ungewöhnlich ...« Wieder huschte er davon.

Ich steckte das Geldbündel in meine Tasche. Es war mir vorher gar nicht aufgefallen, aber es waren lauter Fünfzigpfundscheine. Ich musste dem Taxifahrer hundert Pfund für eine fünfzehn Pfund teure Fahrt gegeben haben. Ich dachte, es wären Zwanziger oder Zehner gewesen, andererseits wäre das Bündel dann auch unhandlich und dick geworden. Kein Wunder, dass der Taxifahrer mir alles Gute gewünscht hatte.

Ich blieb ungestört und schaute zu, wie das Restaurant um mich herum zum Leben erwachte. Ein, zwei Paare waren eingetreten und zu ihren Tischen geführt worden. Am Tresen saßen zwei gut gekleidete Frauen und tranken Champagner. Ein nettes Restaurant. Der Sommelier war mir sympathisch.

Ein Kellner kam und bot mir eine Kleinigkeit an. »Ein Gruß vom Küchenchef, Sir. Ein Happen Aalpastete auf Stachelbeerbrioche.«

Ich winkte ab. »Danke. Lieber nicht vor der Leberpastete.«

Dann kam der Sommelier wieder, und zusammen betrachteten wir die Flasche, die er ehrfürchtig in seinen Händen gebettet hielt. Er drehte sie um, damit ich die verzierten roten Buchstaben sehen konnte, den Namen des Châteaus, die Appellation Pomerol und den Jahrgang. Dann brach heftige Betriebsamkeit aus, mit Dekantiergefäßen und Korkenziehern, dem Entfernen des Korkens, das mit chirurgischer Präzision geschah, und dem Dekantieren des Weins, der so behutsam ausgegossen wurde, als handelte es sich um Nitroglyzerin. Danach drehte der Sommelier die Karaffe vorsichtig im Schein meiner Tischkerze, so dass ich die leuchtende Farbe des Weins bewundern konnte. Sein Gesicht war von Sorge gezeichnet, während er diese Tätigkeiten verrichtete, und erst als der Korken vorschriftsmäßig berochen und mir zur Überprüfung vorgehalten, der Wein unversehrt ins Dekantiergefäß umgegossen war, entspannte er sich und suchte mit einem Blick mein Einverständnis.

Sehnsüchtig sah ich zu dem Wein. Fast wäre es mir lieber gewesen, ich hätte vorher nicht noch einen anderen Wein bestellt; es machte die Sache nur komplizierter. Aber dann überlegte ich mir, dass die Vorfreude den Genuss, den ich beim ersten Schluck erleben würde, nur noch erhöhte.

Die Gänseleber wurde gebracht, und mit ihr kehrte der Sommelier mit dem Château Rieussec zurück an meinen Tisch. Er behandelte den Wein nicht mit Verachtung, aber mit Geringschätzung. Obwohl auch dies ein großer Wein war, verglichen mit dem königlichen Stammbaum eines Pétrus nahm er in der Hierarchie der Bordeauxweine nur die Stellung eines Zwergfürsten ein.

Ich aß ein paar Happen von der Foie gras und trank den süßen Weißwein in kleinen Schlucken.

Weil ich wusste, oder jedenfalls stark gehofft hatte, heute Abend einen Pétrus zu trinken, hatte ich mich, so gut ich konnte, auf dieses Ereignis vorbereitet. Zur Erinnerung hatte ich in meinem Weinführer noch einmal etwas über die Herkunft des Weins nachgelesen. Das Weinanbaugebiet Pomerol liegt östlich von Bordeaux, im Norden von Saint-Émilion. Seine Weine werden von Robert Parker, dem großen Weinkenner, als »die Burgunder von Bordeaux« bezeichnet, weil sie »kräftig und reichhaltig« sind. Daher fand ich es nur angebracht, mir tagsüber die Weine des Pomerol zu genehmigen, während ich über sie las und mich auf den bevorstehenden Abend freute.

Nach dem Frühstück trank ich, sehr bedächtig, eine Flasche Château La Fleur de Gay; zum Mittagessen genehmigte ich mir einen 90er Château Trotanoy, die letzte Flasche dieses Weins und dieses Jahrgangs, die ich in der Gruft gefunden hatte. Wie immer aß ich dazu nur sehr wenig, gerade so viel wie nötig, um das Aroma des Weins hervorzulocken. Gewöhnlich lasse ich mir etwas von dem Restaurant um die Ecke bringen. Mit dem Trotanoy vertrieb ich mir die Zeit bis in den späten Nachmittag. Ich überlegte, ob ich noch eine Flasche aufmachen sollte, aber ließ es dann bleiben. Ich betrat das Restaurant mit dem Geschmack des Pomerol im Gaumen, zweier großer Weine aus diesem Gebiet, das auf der Karte des Weintrinkers jedoch nur die Ausläufer des gewaltigen Pétrus-Gebirges darstellt, dessen Spitze ich bald erklimmen sollte.

Der Wein verfehlte seine Wirkung nicht. Mein Gleichgewichtssinn, der sich in den vergangenen Monaten ohnehin verschlechtert hat, war nicht gut. Außerdem habe ich die unangenehme Neigung entwickelt, stark zu schwitzen, wenn ich keinen Wein trinke, und meine Hände zittern. Da ich seit dem Unfall keine Lust mehr verspüre, mich ans Steuer zu setzen, macht es nicht allzu viel aus. Ich benutze einen Screwpull-Korkenzieher, der alle Flaschen, außer den ganz alten, problemlos öffnet, egal, ob meine Hände zittern oder nicht. Und wenn ich Wein trinke, habe ich festgestellt, werde ich sehr friedlich, sehr nachdenklich, manchmal regelrecht andächtig in meinen Stimmungen. Wenn ich nicht trinke, werde ich unruhig, anfällig für unschöne Erinnerungen an Ereignisse aus meinem früheren Leben. Ich gehe in meiner Wohnung in der Half Moon Street, am Rand vom Mayfair, im Londoner West End, auf und ab. Ich nehme Bücher zur Hand und lege sie ungelesen wieder weg. Ich gehe im Hyde Park spazieren und versuche, die Erinnerungen an der frischen Luft loszuwerden. Ich gehe zum Piccadilly und gucke mir Schaufenster an, stöbere in den Regalen bei Hatchards oder betrachte die

Berge von kandierten Früchten in den Auslagen von Fortnum. Die Erinnerungen verschwinden nicht, also kehre ich um in meine Wohnung und hole mir einen Wein aus dem kleinen Keller von ungefähr tausend Flaschen, den ich dort eingerichtet habe, und trinke ihn. Der größte Teil meiner Sammlung ist immer noch in der Gruft, dem Gewölbekeller von Francis Blacks altem Haus in Nordengland. Ich erwarb sie zusammen mit dem Haus nach Francis' Tod von dem Nachlassverwalter. Gelegentlich fahre ich hin, schaue mir meine Weinflaschen an und gucke nach, ob alles in Ordnung ist, überprüfe, ob die Temperaturregler funktionieren und die Alarmanlage eingeschaltet ist, und verfrachte wieder ein paar Kisten in die Half Moon Street, um mich auf Trab zu halten. Der Vorrat geht anscheinend nie zur Neige – als würden sich die Holzkisten und die Flaschenregale in meiner Abwesenheit insgeheim vermehren. Ich halte mich aber nie länger als zwei, drei Stunden dort auf, es spuken zu viele Geister herum.

Wenn ich die Flasche geöffnet habe, den Wein im Glas mal in die eine, mal in die andere Richtung geschwenkt, wenn ich sein Aroma gerochen und den ersten Schluck getrunken habe, dann kehrt mein innerer Frieden allmählich wieder zurück.

Ich aß die Leber auf und trank von dem Rieussec. Es war ein guter Wein, mit einem köstlichen Honigaroma, fast zu intensiv. Mit dem ersten Glas Pétrus würde ich den Geschmack auf der Stelle verlieren. Die Teller wurden abgeräumt, und ich wurde für einen Moment in Ruhe gelassen; ich hatte Zeit mich umzusehen. Das »Tripes« war ein Restaurant für die Reichen und Berühmten. Es hatte mich einige Mühe gekostet, hier einen Tisch zu reservieren, schon vor Wochen. Jetzt gab es kaum noch einen freien Platz. Das Restaurant hatte sich gefüllt, aber es war nicht laut. In dem ziemlich großen Raum stand etwa ein Dutzend Tische, weit genug voneinander entfernt, so dass man nicht mithören konnte, was am Nebentisch gesprochen wurde. Wenn ich Zeitung lesen würde, hätte ich einige Leute vermutlich erkannt.

Am Nachbartisch bestellten drei Männer ein Essen, der eine war Mitglied der Regierung, wenn mich nicht alles täuschte. Ich war nicht weiter neugierig, und für sie war ich bestimmt sowieso unsichtbar – nicht smart genug, allein an meinem Tisch, ein Objekt, würdig nur eines flüchtigen Blicks, bis das wandernde Auge woanders im Raum auf etwas Lohnenderes stieß.

Das Lamm wurde serviert, unter einer riesigen silbernen Glosche, und jetzt sahen doch einige Leute in meine Richtung. Das Theater, das die Kellner veranstalteten, die schwungvoll die Glosche hoben und das Lammkarree mit den kleinen Papierkrönchen auf jedem Keulchen präsentierten, weckte ihre Aufmerksamkeit.

Der Sommelier stand neben mir und fragte mich, ob ich den Wein probieren wolle. Ich wagte nicht zu sprechen, nickte nur zustimmend. Sehr wenig wurde in mein Glas eingeschenkt, der Kellner wärmte den Kelch mit den Händen und bewegte ihn ganz leicht, so dass die dunkle, fast violette Flüssigkeit für einen Augenblick seinen Meniskus verlor. Dann reichte er mir das Glas. Zuerst tauchte ich in den Duft des Weins ein, und erst danach, als meine Nase und meine Lungen von seinem Aroma erfüllt waren, trank ich einen Schluck.

Ich wusste, was mich erwartete: der Geschmack von Trüffeln, Gewürzen und süßem Obst. Danach traten diese Geschmacksrichtungen in den Hintergrund, und es war, als würde man ein anderes Land betreten, einen Ort, von dem man bisher nur gehört hatte, nach dem man sich gesehnt hatte, den man aber noch nie aufgesucht hatte. Es war eine Erfahrung, die mit dem gängigen Vokabular des Weinliebhabers nicht zu erfassen ist, eigentlich überhaupt nicht mit Worten zu beschreiben. Ich trank einen kleinen Schluck und war urplötzlich so glücklich, dass sich meine Miene aufhellte. Ich glaube, ich habe sogar gelacht.

Der Sommelier lachte ebenfalls. »Wundervoll, nicht, Sir?«

Ich reichte ihm das Glas, und er inhalierte das Aroma. »Es ist wundervoll«, sagte ich zu ihm.

Wieder lachte er. »Es gibt nichts Vergleichbares auf der Welt,

Monsieur.« Danach füllte er mir mit vollendeter Eleganz das Glas und ließ mich allein, damit ich in Ruhe genießen konnte. Der Kellner schnitt mir zwei Scheiben von dem Lammkarree ab, und ich aß ein wenig von der einen, wieder nur so viel, dass der Geschmack den des Weins abrundete.

Ich verzehrte einzelne Bissen Lamm und trank in kleinen Schlücken. In dem anderen Land, in das der Wein mich entführte, war Catherine. Sie saß nicht direkt mit mir am Tisch, es verhielt sich subtiler. Sie stand irgendwo hinter meiner linken Schulter, und obgleich ich sie nicht erkennen konnte, wusste ich, wie sie aussah: fünfundzwanzig Jahre alt und bildhübsch, so, wie sie die letzten beiden Jahre gewesen war. Über das Geklapper der Messer und Gabeln und den zunehmenden Geräuschpegel der Gespräche hinweg hörte ich sie summen. Früher war sie Mitglied in einem Chor gewesen, und es war eine Arie von Bach, die sie jetzt sang. Ich weiß nicht mehr genau, welche, aber ich erinnerte mich an die Melodie und an den reinen Klang ihrer Stimme. Ich fiel in ihr Summen ein, was ich manchmal getan hatte, obwohl sie der Meinung gewesen war, ich hätte kein Gespür für Musik.

Der Oberkellner trat an mich heran. »Entschuldigen Sie, Sir, aber würden Sie bitte nicht so laut summen. Die anderen Gäste könnten sich gestört fühlen.«

Umgehend löste sich das Bild von Catherine auf, und es war wie eine Verwerfung in meinem Kopf. Der Wein schmeckte plötzlich fad und uninspiriert. »Habe ich gesummt?«, fragte ich, meine Verärgerung über die Unterbrechung meiner heiteren Stimmung kaum zügelnd. »Das tut mir schrecklich leid.«

Ich beugte mich über meinen Teller und führte den nächsten Happen Lamm mit der Gabel zum Mund, in der Hoffnung, der Oberkellner würde sich gleich wieder verziehen.

Er senkte den Kopf und sagte: »Sehr verbunden, Sir. Entschuldigen Sie die Störung, Sir. Vielen Dank.«

Der Sommelier kam und goss mir etwas nach, und mir fiel auf, dass ich die Flasche schon zur Hälfte ausgetrunken hatte. Als er mir einschenkte, fragte ich ihn: »Sagten Sie, das sei die vorletzte Flasche in Ihrem Keller?«

»Ja, Monsieur, das stimmt. Nur noch eine Flasche, dann ist er aus. Ich glaube nicht, dass es überhaupt noch viele Flaschen dieses Jahrgangs in London gibt.«

»Dann bringen Sie sie und dekantieren Sie sie bitte.«

»Sind Sie ganz sicher, Monsieur?«, erwiderte der Sommelier. »Zwei Flaschen von diesem Wein an einem Abend, für eine Person. Ist das nicht ein bisschen zu viel des Guten?«

Er hatte recht. Es wäre übertrieben. Die zweite Flasche würde ich nicht annähernd so genießen können wie die erste. Mein Gaumen würde stumpf und pelzig sein von dem Wein. Es wäre an diesem Tag insgesamt die vierte, vielleicht sogar die fünfte Flasche, noch bevor ich nach Hause gefunden und mir den Montagny genehmigt hätte, den ich immer als Schlummertrunk zu mir nahm.

Dennoch konnte ich den Gedanken nicht ertragen, dass jemand anders die Flasche bekommen sollte. Ganz einfach, sie musste mir gehören. »Bitte bringen Sie sie trotzdem«, sagte ich.

Der Sommelier verbeugte sich leicht, aber es waren Zweifel in seinem Blick. Er ging zum Oberkellner und unterhielt sich mit ihm. Wahrscheinlich wogen sie ab, was schlimmer war: Mein Auftritt, wenn ich den Wein getrunken hatte, oder das Theater, das ich ganz sicher veranstalten würde, wenn sie ihn mir erst gar nicht aus dem Keller holten.

Dann verschwand er und kam wenige Minuten später mit der zweiten Flasche Pétrus wieder. Während er das gleiche Ritual wie beim ersten Mal vollzog, fand er noch Zeit, mir aus der offenen Flasche nachzufüllen. Es gab komische Blicke von einigen anderen Restaurantgästen in unsere Richtung. Ein Mann, neugieriger oder auch schamloser als die anderen, erhob sich von seinem Platz an einem Dreiertisch, der mir vorher schon aufgefallen war, und kam zu mir herüber.

»Verzeihen Sie, wenn ich mich einmische«, sagte er. »Ich habe das Etikett auf der Flasche bemerkt. Ist das ein Pétrus, den Sie da trinken?« Ohne die Antwort abzuwarten, beugte er sich vor und inspizierte das Etikett, worauf der Sommelier die Flasche instinktiv so drehte, dass der Gast es besser lesen konnte.

»Mein Gott. Der 82er«, rief er aus, wandte sich dann mir zu und sagte mit einiger Bewunderung in der Stimme: »Ich muss sagen, Sie verstehen es wirklich, auf den Putz zu hauen. Gut gemacht, mein Junge. Viel Vergnügen noch.« Er ging zurück an seinen Tisch, und die Unterhaltung nahm noch etwas mehr an Fahrt auf. Ich versuchte hartnäckig, die Blicke zu ignorieren, und nach kurzer Zeit versank ich wieder in dem starken und aromatischen Sog des Pétrus. Ich trank jetzt die zweite Flasche, sie schmeckte fast genauso wie die erste, aber nicht ganz: Wieder das Gefühl, an einem anderen Ort zu sein, doch jetzt sah man die Landschaft dieses unbekannten Reiches von einem neuen Blickwinkel aus. Auch Catherine kehrte wieder, stand irgendwo in der Nähe, und zusammen sangen wir ein paar Takte von »Jesu, meine Freude«.

Das rief den Oberkellner auf den Plan. »Ich möchte Sie nochmals bitten, nicht ganz so laut zu singen, Sir«, sagte er. »Es stört die anderen Gäste.«

»Und ich möchte Sie bitten, mich nicht dauernd zu unterbrechen, wenn ich meinen Wein trinke«, entgegnete ich. »Es ist unmöglich, sich richtig daran zu erfreuen, wenn man ständig abgelenkt wird. Ich habe einen hohen Preis für die Ware bezahlt, und ich finde, ich habe ein Recht darauf, sie auch angemessen zu genießen.«

Manchmal wird meine Ausdrucksweise unter dem Einfluss von großen Mengen Weins etwas seltsam. Meine Rede neigt dazu, überfrachtet zu werden, geradezu blumig, besonders, wenn mein Hirn auf Biegen und Brechen komplexe Gedanken formulieren möchte. Ich hörte auf zu summen, und nach kurzer Zeit verzog sich der Oberkellner wieder. Jetzt allerdings war ich das Objekt einiger Aufmerksamkeit für das ganze Restaurant geworden. Ich glaube, mittlerweile wussten alle im Raum, dass ich ganz für mich allein exquisiten Wein im Wert von über sechstausend Pfund vertrank.

Ich vernahm einzelne Gesprächsfetzen, oder meinte sie zu vernehmen. »Der sieht aus, als könnte er sich nicht mal ein Dosenbier leisten, von einem der teuersten Weine der Welt mal ganz abgesehen.« – »Wahrscheinlich ein Hedgefonds-Manager, der nach einem satten Millionengewinn mal über die Stränge schlägt.« – »Vermutlich eher Millionenverlust.«

»Was für eine komische Figur«, sagte eine weibliche Stimme.

»Er sieht so blass aus«, sagte eine andere. »Hoffentlich kotzt er uns nicht die Bude voll.«

»Schönen Dank, Darling! Willst du mir das Essen verderben?«

Es war zu viel. Ich stand auf, drehte mich um und versuchte, Catherine irgendwo zu erkennen, um sie zu fragen, was ich machen sollte. Mein Stuhl kippte nach hinten. Ich hob mein Glas vage in die Richtung, wo Catherine noch vor wenigen Augenblicken gestanden hatte, trank einen Schluck und sagte: »Komm doch her und probier mal, Darling. Der Wein ist wirklich sehr gut.«

Der Raum rückte zur Seite, und ich spürte, dass der Oberkellner zärtlich einen Arm um mich gelegt hatte. Das war sehr freundlich von ihm; ich hatte schon den Eindruck, dass er mich eigentlich nicht mochte.

»Bestellen Sie ihm ein Taxi«, hörte ich ihn zu jemandem sagen, bevor wir beide zu Boden rutschten. Er versuchte, mich aufzurichten, aber ich war wohl doch etwas zu schwer für ihn.

»Wo wohnen Sie?«, fragte er mich. Jetzt sah er von irgendwo weit über mir auf mich herab, und seine Stimme klang so, als käme sie aus der Ferne. Der große Bordeaux übte eine starke narkotisierende Wirkung auf mich aus. Meine Augen wurden schwer.

»Was machen wir mit der Rechnung? Wenn er nicht zahlt, haben wir über sechs Riesen Verlust«, flüsterte eine andere männliche Stimme. Es war der Sommelier, und er war auch kein Franzose mehr, er kam aus Birmingham.

Ich fasste in mein Jackett. Ich wollte keinen Ärger. Seltsam, wie oft es solche Probleme gab, wenn ich ausging. Ich stieß das

Bündel in die Richtung, aus der die Stimme kam, und konnte noch sagen: »Nehmen Sie sich, was ich Ihnen schuldig bin. Entschädigen Sie sich für den Ärger und die Unannehmlichkeiten, die ich verursacht habe. Und bitte überbringen sie den anderen Gästen meine aufrichtige Entschuldigung für diese Störung.«

Wie viel ich tatsächlich laut ausgesprochen habe, weiß ich nicht, aber die Geldscheine wurden mir aus der Hand gerissen. Wenn ich mit dem Kopf etwas nach links rückte, konnte ich die Schuhe des Oberkellners als Kissen benutzen. Die Schuhe waren schwarz und blank geputzt und bestens geeignet zum Anschmiegen.

»Wie heißt er?«, fragte jemand.

»Der Tisch wurde auf den Namen Wilberforce reserviert.«

»Haben wir seine Adresse?«

»Nein, er war noch nie hier.«

»An den hätten wir uns bestimmt erinnert, wenn er schon mal hier gewesen wäre«, sagte eine sarkastische Stimme.

»Hat er einen Ausweis dabei?«, fragte die erste Stimme wieder. Ich glaube, es war der Oberkellner.

Eine Hand schlängelte sich in die Innentasche meines Anzugjacketts und fand meine Brieftasche. »Hier ist eine Visitenkarte, Wilberforce, Adresse Half Moon Street.«

Dann wurde mir schwarz vor Augen.

August Friedrich Ernst Langbein

Einst hat mir mein Leibarzt geboten

Einst hat mir mein Leibarzt geboten:
Stirb! oder entsage dem Wein!
Dem weißen sowohl als dem roten,
Denn er wird dein Untergang sein!

Ich hab' es ihm heilig versprochen,
Auf etliche Jahre zwar nur;
Doch nach zwei schrecklichen Wochen
Vergaß ich den albernen Schwur.

Wie trefflich bekam mir die Speise!
Wie schlief ich so ruhig die Nacht!
Wie war ich so munter, so weise,
So fröhlich zum Sterben gemacht!

Tod! höre, man hat mir befohlen:
Stirb! oder entsage dem Wein!
Sieh, wann du willst, kannst du mich holen;
Hier sitz ich, und schenke mir ein!

Justinus Kerner

Ein Lied nach dem Herbst

O weh! ihr Rebenhügel!
Wie steht ihr trauernd nun!
Der Sturm schwingt seine Flügel
Und die Gesänge ruhn.
Es zog mit eurem Weine
Aus euch der Jubel aus;
Daß er mit ihm erscheine
Neu in des Trinkers Haus.

Laßt euer Herz erwarmen,
Die ihr nun schlürft den Wein,
Trinkt ihn auch zu dem Armen,
Der ihn geschenket ein!
Dem, den nichts kann entmuten,
Der immer trägt und haut,
Dem, der in Sommersgluten
Den harten Stein bebaut.

Wie in des Berges Tiefen
Rastlos der Bergmann schafft,
Die Schätze, die da schliefen,
Erhebt mit reger Kraft,
An Händen trägt nur Narben,
Der Herr den Edelstein:
Muß auch der oben darben,
Trinkt Wasser, ihr den Wein.

Und wie der unten nimmer,
Stirbt auch die Hoffnung, ruht,
So wächst beim letzten Schimmer

Dem oben noch der Mut.
Schlägt schwerer Hagel nieder,
Was er durchs Jahr erschafft,
Er geht neuhoffend wieder
Ans Werk mit gleicher Kraft.

Und wie in seinem Grabe
Der unten immer weilt,
Als Greis wie einst als Knabe
Zu seinen Steinen eilt,
So bleibt bei seinen Reben
Als Knabe und als Greis
Der oben – treu ergeben
Der Armut und dem Fleiß.

Er schafft vom ersten Scheine
Der Sonne bis zur Nacht,
Trinkt dann im Schlaf vom Weine,
Den ihm sein Berg gebracht –
Und läßt, erwacht zur Wahrheit,
Den lang ersehnten Wein
In seiner Gottesklarheit
Dem reichen Trinker sein.

Er aber, mit der Flasche
Voll Wasser, geht in Ruh',
Ein Brot in seiner Tasche,
Und deckt die Reben zu.
Einst deckt auch ihn, den Armen,
Der lang geschafft, gewacht,
Ein Engel voll Erbarmen
Und flüstert: Gute Nacht!

Maler Müller

Skolie

Bechert froh den süßen Wein
Von der Mosel, von dem Rhein,
Brüder, weil wir leben!
Ach wir müssen schnell davon
Und am Stix und Acheron
Blühen keine Reben.

Edgar Allan Poe

Das Faß Amontillado

Alle die tausend kränkenden Reden Fortunatos ertrug ich, so gut ich konnte, als er aber Beleidigungen und Beschimpfungen wagte, schwor ich ihm Rache. Ihr werdet doch nicht annehmen – ihr, die ihr so gut das Wesen meiner Seele kennt –, daß ich eine Drohung laut werden ließ. *Einmal* würde ich gerächt sein! Aber die Bestimmtheit, mit der ich meinen Entschluß faßte, verbot mir alles, was mein Vorhaben gefährden konnte. Ein Unrecht ist nicht bestraft, wenn den Rächer Vergeltung trifft für seine Rachetat; es ist auch nicht bestraft, wenn es dem Rächer nicht gelingt, sich als solcher seinem Opfer zu zeigen.

Es muß vorausgeschickt werden, daß ich Fortunato weder mit Wort noch Tat Grund gab, meine gute Gesinnung anzuzweifeln. Ich fuhr fort, liebenswürdig zu ihm zu sein, und er gewahrte nicht, daß mein Lächeln jetzt dem Gedanken seiner Vernichtung galt.

Er hatte eine Schwäche, dieser Fortunato – obschon er in anderer Hinsicht ein geachteter und sogar gefürchteter Mann war. Er brüstete sich damit, daß er ein Weinkenner sei. Nur wenige Italiener besitzen den wahren Kunstverstand. Sie begeistern sich meist nur für eine einzige Sache: für betrügerische Manipulationen gegenüber britischen und österreichischen Millionären. In der Beurteilung von Bildern und Edelsteinen war Fortunato, gleich seinen Landsleuten, ein unwissender Prahlhans, in bezug auf alte Weine aber hatte er ein ehrliches und sicheres Urteil. Hierin stand ich selbst ihm kaum nach; ich kannte den italienischen Wein gut und kaufte viel, sooft sich mir die Gelegenheit bot.

Es war in der tollen Karnevalszeit, als ich an einem dämmerigen Abend meinem Freunde begegnete. Er begrüßte mich mit übertriebener Wärme, denn er hatte viel getrunken. Der Mann war maskiert. Er trug ein enganliegendes, zur Hälfte gestreiftes Gewand, und auf seinem Kopfe erhob sich die konisch geformte Narrenkappe. Ich freute mich so sehr, ihn zu sehen, daß ich gar kein Ende finden konnte, ihm die Hand zu schütteln.

Ich sagte zu ihm: »Mein lieber Fortunato, es freut mich, dich zu treffen. Wie prächtig du heute aussiehst – außerordentlich wohl! Doch höre: ich habe ein Faß Wein bekommen, das für Amontillado gilt, und ich habe meine Zweifel.«

»Wie?« sagte er, »Amontillado? Ein Faß? Unmöglich! Und mitten im Karneval?«

»Ich habe meine Zweifel«, erwiderte ich. »Und ich war töricht genug, den vollen Amontillado-Preis zu zahlen, ohne dich erst zu Rate zu ziehen. Du warst nicht zu finden, und ich fürchtete, durch eine Verzögerung den ganzen Handel zu verlieren.«

»Amontillado!«

»Ich habe meine Zweifel.«

»Amontillado!«

»Und ich muß sie zum Schweigen bringen.«

»Amontillado!«

»Da du beschäftigt bist, werde ich Luchesi aufsuchen. Wenn einer ein kritisches Urteil hat, ist er es. Er wird mir sagen –«

»Luchesi kann Amontillado nicht von Sherry unterscheiden!«

»Und doch behaupten so ein paar Narren, daß sein Weinverstand dem deinigen gleichkomme.«

»Komm, laß uns gehen.«

»Wohin?«

»In deine Kellereien.«

»Nein, mein Freund; ich will nicht deine Gutmütigkeit ausnützen. Ich sehe, du bist beschäftigt. Luchesi –«

»Ich bin nicht beschäftigt, komm!«

»Lieber Freund, nein! Es ist ja nicht nur das, daß du etwas anderes vorhattest; du bist ernstlich erkältet. Die Kellergewölbe sind unerträglich feucht. Sie haben eine Salpeterkruste angesetzt.«

»Laß uns trotzdem gehen! Die Erkältung ist nicht der Rede

wert. Amontillado! Man hat dich betrogen; und Luchesi – der kann Sherry von Amontillado nicht unterscheiden.«

Mit diesen Worten hing Fortunato sich in meinen Arm. Ich nahm eine schwarze Seidenmaske vors Gesicht, hüllte mich dicht in meinen Mantel und ließ es geschehen, daß mein Freund mich eilends zu meinem Palazzo geleitete.

Die Dienerschaft war nicht zu Hause; der Karneval hatte sie hinausgelockt. Ich hatte den Leuten gesagt, daß ich nicht vor dem nächsten Morgen heimkommen würde, und ihnen streng verboten, sich aus dem Hause zu rühren. Ich wußte, daß dies genügte, damit alle zusammen, sobald ich den Rücken wandte, davonliefen.

Ich nahm zwei Fackeln aus den Ringen an der Wand, gab Fortunato eine davon und komplimentierte ihn durch mehrere Zimmerreihen in den Bogengang, der zu den Gewölben führte. Ich schritt eine lange, gewundene Treppe hinab und bat ihn, mir vorsichtig zu folgen. Endlich kamen wir unten an und standen zusammen in der feuchten Tiefe der Katakomben der Montresors.

Der Gang meines Freundes war unsicher, und die Schellen an seiner Kappe klingelten bei seinen Schritten.

»Das Faß!« sagte er.

»Das ist weiter hinten«, antwortete ich. »Siehst du das weiße Gewebe, das da ringsum von den Kellermauern leuchtet?«

Er wandte sich mir zu und sah mir in die Augen. Seine Blicke waren feucht von Schnupfen und Trunkenheit.

»Salpeter?« fragte er schließlich.

»Salpeter«, erwiderte ich. »Wie lange hast du schon diesen Husten?«

Er hustete, hustete, hustete. Mein armer Freund konnte minutenlang keine Antwort geben.

»Es ist nichts«, erwiderte er dann.

»Komm«, sagte ich sehr bestimmt, »wir wollen umkehren; deine Gesundheit ist kostbar. Du bist reich, geachtet, bewundert, geliebt; du bist glücklich, wie ich einst war. Du würdest eine Lücke hinterlassen. Um mich ist es nicht schade. Wir wollen umkehren! Du wirst krank werden, und ich kann das nicht verantworten. Übrigens kann ja Luchesi –«

»Genug!« sagte er. »Der Husten ist ganz belanglos; er wird mich nicht umbringen. Ich werde nicht an meinem Husten zugrunde gehen.«

»Wahr – wahr«, erwiderte ich. »Wirklich, ich hatte nicht die Absicht, dich unnötig zu beunruhigen – aber du solltest die Vorsicht nicht außer acht lassen. Ein Schluck Medoc wird uns vor der Einwirkung der Dünste schützen.«

Bei diesen Worten zog ich aus einer langen Flaschenreihe, die längs der Mauer auf der Erde lag, eine Flasche hervor und schlug ihr den Hals ab.

»Trink«, sagte ich und bot ihm den Wein. Er setzte ihn an die Lippen. Er hielt inne und nickte mir vertraulich zu; seine Glöckchen klingelten.

»Ich trinke«, sagte er, »auf die Toten, die hier ruhen.«

»Und ich auf dein langes Leben!«

Er nahm von neuem meinen Arm, und wir gingen weiter.

»Diese Gewölbe«, sagte er, »sind weitläufig.«

»Die Montresors«, erwiderte ich, »waren eine große und zahlreiche Familie.«

»Ich vergaß dein Wappenzeichen.«

»Ein riesiger goldener Fuß in blauem Felde; der Fuß zertritt eine sich bäumende Schlange, deren Zähne ihm in der Ferse sitzen.«

»Und das Motto?«

»NEMO ME IMPUNE LACESSIT.«

»Gut!« sagte er.

Der Wein flackerte aus seinen Augen, und die Glöckchen klingelten. Auch mir stieg der Medoc zu Kopfe. Wir waren an einer ganzen Reihe aufgestapelter Skelette und Fässer vorbei bis in den entferntesten Teil der Katakomben gelangt. Ich blieb wieder stehen, und diesmal wagte ich es, Fortunato am Arm zu rütteln.

»Der Salpeter!« sagte ich. »Sieh, wie es immer mehr wird. Er hängt an den Wölbungen wie Moos. Wir sind unter dem Flußbett. Die Nässe tropft durch die Skelette. Komm, wir wollen umkehren, ehe es zu spät ist. Dein Husten –«

»Nicht der Rede wert«, sagte er; »laß uns weitergehen. Vorher aber – noch einen Schluck Medoc.«

Ich schlug einer Flasche de Grave den Hals ab und reichte sie ihm. Er leerte sie mit einem Zug. In seinen Augen flackerte ein wildes Licht. Er lachte und warf die Flasche mit einer seltsamen Bewegung zur Decke – einer Geste, die ich nicht verstand.

Ich sah ihn verwundert an. Er wiederholte die absonderliche Geste.

»Du verstehst nicht?« fragte er.

»Nicht im geringsten«, antwortete ich.

»Du gehörst nicht zur Bruderschaft!«

»Wie?«

»Du bist kein Maurer.«

»Ja, ja«, sagte ich. »Jawohl, ja.«

»Du? Unmöglich! Ein Maurer?«

»Ein Maurer«, antwortete ich.

»Ein Zeichen!« sagte er.

»Hier ist es«, erwiderte ich, aus den Falten meines Überwurfs eine Maurerkelle hervorziehend.

»Du spaßest«, rief er aus und wich von mir zurück. »Aber komm weiter zum Amontillado!«

»Gut also«, sagte ich, nahm die Kelle wieder unter den Mantel und bot ihm den Arm. Er lehnte sich schwer darauf. Wir setzen unseren Weg fort. Wir gingen durch mehrere niedere Bogengänge, gingen hinab, hinauf und wieder hinab und betraten nun eine tiefe Gruft, wo die Luft so modrig war, daß unsere Fackeln nicht mehr flammten, sondern nur noch schwelten.

Am entlegensten Ende der Gruft kam eine andere, kleinere zum Vorschein. An ihren Wänden waren bis zur Decke hinauf Menschenknochen aufgestapelt gewesen, ähnlich wie in den großen Katakomben von Paris. Drei Seiten dieser innersten Gruftkammer waren noch jetzt so geschmückt. Von der vierten waren die Knochen weggeräumt; sie lagen auf dem Boden herum und waren an einer Stelle zu einem Haufen aufgetürmt. Inmitten der so bloßgelegten Mauer bemerkten wir noch eine letzte Höhlung. Sie war etwa vier Fuß tief, drei Fuß breit und sechs bis sieben Fuß hoch. Sie schien nicht zu irgendeinem besonderen Zwecke gemacht worden zu sein, sondern bildete lediglich den Zwischenraum zwischen drei der mächtigen Stützpfeiler, die die Deckenwölbung der Katakomben trugen; ihre Rückwand wurde von einer der massiven Granitmauern gebildet.

Vergeblich hob Fortunato seine trübe Fackel, um in die Tiefe der Höhlung zu spähen. Das schwache Licht gestattete nicht, die Rückwand zu erblicken.

»Geh weiter«, sagte ich. »Hier drin ist der Amontillado. Übrigens könnte Luchesi –«

»Er ist ein Dummkopf«, fiel mir mein Freund ins Wort, während er unsicher vorwärts schritt; ich folgte ihm auf den Fersen. Einen Augenblick später hatte er das Ende der Höhlung erreicht; verdutzt stand er vor der Mauer, die ihm Halt gebot. Und noch einen Augenblick später hatte ich ihn an den Granit gefesselt. In der Mauer befanden sich auf gleicher Höhe und in zwei Fuß Entfernung voneinander zwei Schließhaken; an einem derselben hing eine kurze Kette, am andern ein Vorlegeschloß. Ich warf die Kette um Fortunatos Leib und befestigte sie im Schloß. Das Ganze war nur das Werk weniger Sekunden. Er war zu verblüfft, um Widerstand entgegenzusetzen. Ich zog den Schlüssel ab und trat aus der Nische zurück.

»Streich mit der Hand über die Mauer«, sagte ich. »Du wirst den Salpeter fühlen. Wahrhaftig, es ist *bedenklich* feucht dadrinnen. Noch einmal: laß dich *beschwören*, umzukehren! Nein? Dann muß ich dich wirklich verlassen. Aber zuerst muß ich dir noch alle die kleinen Aufmerksamkeiten erweisen, die in meiner Macht stehen.«

»Der Amontillado!« rief mein Freund, der sich von seinem Erstaunen noch nicht erholt hatte.

»Gewiß«, erwiderte ich; »der Amontillado.«

Bei diesen Worten machte ich mich am Knochenhaufen zu

schaffen, von dem ich vorhin gesprochen habe. Ich warf die Knochen beiseite und legte bald eine Anzahl Bausteine und ein Häufchen Mörtel bloß. Mit diesen Materialien und mit Hilfe der Maurerkelle begann ich, eilig den Eingang der Nische zuzumauern.

Ich hatte kaum die erste Reihe des Mauerwerks errichtet, als ich entdeckte, daß Fortunatos Betrunkenheit sehr nachgelassen hatte. Das erste Anzeichen dafür gab mir ein leiser klagender Schrei, der aus der Tiefe der Höhlung kam. Es war *nicht* der Schrei eines Betrunkenen. Dann folgte ein langes, eigensinniges Schweigen. Ich mauerte eine zweite Reihe – und eine dritte und vierte; und dann hörte ich das wütende Stoßen und Schwingen an der festgespannten Kette. Das Geräusch dauerte mehrere Minuten, während welcher ich, um besser lauschen zu können, meine Arbeit einstellte und mich auf den Knochenhaufen setzte. Als das hastige Klirren endlich aufhörte, ergriff ich von neuem die Kelle und vollendete ohne Unterbrechung die fünfte, die sechste und die siebente Reihe. Der Wall war nun fast in gleicher Höhe mit meiner Brust. Ich hielt von neuem inne, hob die Fakkel über das Mauerwerk und warf damit ein paar schwache Strahlen auf die Gestalt dadrinnen.

Da stieß der Gefesselte plötzlich wilde Schreie aus – viele laute gellende Schreie, die mich zurücktaumeln machten. Einen Augenblick zögerte ich – zitterte ich. Ich zog den Degen und stach damit in das Dunkel der Nische hinein. Doch nach kurzer Überlegung beruhigte ich mich wieder. Ich legte die Hand auf das massige Gemäuer der Katakomben und war befriedigt. Ich trat wieder an meine Mauer. Ich antwortete auf das Geheul des Rufenden. Ich ahmte es nach – verstärkte es – übertönte es. Das tat ich eine Weile, und der Schreier wurde still.

Es war jetzt Mitternacht, und meine Arbeit nahte ihrem Ende. Ich hatte die achte, die neunte und die zehnte Reihe vollendet. Ich hatte einen Teil der elften und letzten Reihe beendet; es blieb nur noch ein einziger Stein einzusetzen und festzumauern. Ich rang mit seinem Gewicht. Ich hob ihn an seinen Platz, konnte ihm jedoch nicht sogleich seine richtige Lage geben. Jetzt kam aus der Nische ein leises Lachen, das mir die Haare auf dem Kopf zu Berge stehen machte. Dann sprach eine traurige Stimme, die ich nur schwer als die Stimme des edlen Fortunato erkennen konnte. Die Stimme sagte:

»Ha ha ha – he he – wahrhaftig ein guter Spaß, wir werden im Palazzo noch oft darüber lachen – he he he – über unsern Wein – he he he!«

»Den Amontillado!« sagte ich.

»He he he – he he – ja, den Amontillado. Aber ist es nicht schon spät? Werden sie uns nicht im Palazzo erwarten? Die Lady Fortunato und die andern? Laß uns gehen.«

»Ja«, sagte ich, »laß uns gehen.«

»Bei der Liebe Gottes, Montresor!«

»Ja«, sagte ich, »bei der Liebe Gottes!«

Aber auf diese Weise erwartete ich vergeblich eine Antwort. Ich wurde ungeduldig, ich rief laut:

»Fortunato!«

Keine Antwort.

Ich rief wieder:

»Fortunato!«

Noch keine Antwort.

Ich nahm seine Fackel, stieß sie durch die Öffnung und ließ sie drinnen zu Boden fallen. Als Antwort kam nur ein Klingen der Schellen. Mein Herz wurde schwer – infolge der Moderluft in den Katakomben. Ich beeilte mich, meine Arbeit zu beenden. Ich zwang den letzten Stein in seine richtige Lage. Ich mauerte ihn ein. Gegen das neue Mauerwerk türmte ich den alten Knochenwall auf. Seit einem halben Jahrhundert hat kein Sterblicher ihn angerührt. In pace requiescat!

August Heinrich Hoffmann von Fallersleben

Unsre Väter sind gesessen
Auch vor vollen Gläsern hier,
Unsre Väter sind vergessen,
Und vergessen werden wir.

Wer kann Alles auch behalten,
Was geschieht und nicht geschieht?
Ob sich hier die Stirn in Falten,
Dort der Mund zum Lächeln zieht?

Leer' und volle Köpf und Taschen
Werden nach uns auch noch sein,
Nach uns gibt's noch Krüg' und Flaschen,
Gläser mit und ohne Wein.

Und wenn diese gehn zu Scherben,
Neue Gläser werden draus;
Wenn die alten Gäste sterben,
Kommen neue in das Haus.

Könnten unsre Väter sprechen,
Sprächen sie: »Stoßt an und zecht!«
Leben war noch nie Verbrechen,
Und der Lebende hat Recht.

Rainer Maria Rilke

Herbsttag

Herr: es ist Zeit. Der Sommer war sehr groß.
Leg deinen Schatten auf die Sonnenuhren,
und auf den Fluren laß die Winde los.

Befiehl den letzten Früchten voll zu sein;
gieb ihnen noch zwei südlichere Tage,
dränge sie zur Vollendung hin und jage
die letzte Süße in den schweren Wein.

Wer jetzt kein Haus hat, baut sich keines mehr.
Wer jetzt allein ist, wird es lange bleiben,
wird wachen, lesen, lange Briefe schreiben
und wird in den Alleen hin und her
unruhig wandern, wenn die Blätter treiben.

Nachweise

Angelus Silesius: Vom reichen Mann, in: A.S.: Cherubinischer Wandersmann. Viertes Buch, Wien 1657.

Ernst Moritz Arndt: Ad locum; Das Feuerlied; Trinklied, in: E.M.A.: Gedichte, Berlin 1860.

Achim von Arnim: Becherklang, Erstdruck in: Zeitung für Einsiedler (Heidelberg) 1808; Du schwerer Wein, kannst du nicht brechen; Rheinisches Bundeslied, in: Ausgewählte Gedichte, hg. von Bettina von Arnim, 1856.

Achim von Arnim / Clemens Brentano: Vom Wasser und vom Wein; Trinklied; Trinklied (Erasmus Widtmanns musikalische Kurzweil), in: Des Knaben Wunderhorn, hg. v. Clemens Brentano und Achim von Arnim, Band 2, Heidelberg 1808.

Rudolf Baumbach: Wein her!, in: Allgemeines Deutsches Kommersbuch (1858).

Otto Julius Bierbaum: Neuweinlied; Die Legende vom Hadernburger Wein, in: O.J.B.: Irrgarten der Liebe. Verliebte, launenhafte und moralische Lieder, Gedichte und Sprüche aus den Jahren 1885 bis 1900, Berlin, Leipzig 1901.

Heinrich Christian Boie: Aufmunterung zum Trinken, Erstdruck in: Musenalmanach für 1774, Göttingen.

Clemens Brentano: Der Musikanten schwere Weinzunge, Erstdruck 1811, in: C.B. Werke, Erster Band, hg. v. Wolfgang Frühwald, Bernhard Gajek und Friedhelm Kemp, München 1968.

Barthold Heinrich Brockes: Die Wein-Rebe, in: B.H.B.: Irdisches Vergnügen in Gott. Erstdruck: Auszug der vornehmsten Gedichte aus dem von Herrn Barthold Heinrich Brockes in fünf Theilen herausgegebenen Irdischen Vergnügen in Gott, mit Genehmhaltung des Verfassers gesammlet und mit verschiedenen Kupfern ans Licht gestellt, Hamburg 1738.

Gottfried August Bürger: Münchhausens sechstes See-Abenteuer, aus: G.A.B.: Wunderbare Reisen zu Wasser und zu Lande, Feldzüge und lustige Abenteuer des Freiherrn von Münchhausen, London (recte: Göttingen) 1786; Zechlied, in: G.A.B.: Gedichte, 1789.

Wilhelm Busch: Sie stritten sich beim Wein herum, in: W.B.: Gesammelte Werke in sechs Bänden, Band 6, 1982.

Adelbert von Chamisso: Ein französisches Lied, in: A.v.Ch.: Sämtliche Werke, Band 1, München 1975.

Matthias Claudius: Rheinweinlied, in: M.C.: Asmus omnia sua secum portans, Dritter Teil, Erstdruck 1778.

Simon Dach: Lob des Weins. Ein deutscher Dithyrambus, nach: Johann Gottfried Herder: Volkslieder. Nebst untermischten andern Stücken, 2 Theile, Leipzig 1778 und 1779 [2. Theil].

Johann Arnold Ebert: Urquell aller frohen Lieder …, in: J.A.E.:Episteln und vermischte Gedichte, 1789.

Joseph von Eichendorff: Die Heymonskinder, in: J.v.E.: Sämtliche Werke, Bd 1: Tafellieder, Nr. 5, Regensburg 1993.

Heinrich Wilhelm von Gerstenberg: Bacchus und Amor, in: H.W.v.G.: Tändeleyen, Leipzig 1760.

Johann Wilhelm Ludwig Gleim: Die Nachbarin, in: J.W.L.G.: Sämmtliche Schriften des Herrn F. W. Gleims, Erster und zweyter Theil. Neue und verbesserte Auflage 1773; Die Fliege, in: J.W.L.G.: Lieder, Amsterdam (recte Halberstadt) 1749; An einen Wassertrinker; Ein Trinklied, in: J.W.L.G.: Neue Lieder, Berlin 1767; Der Friedensstifter; Art zu trinken, in: J.W.L.G.: Versuch in Scherzhaften Liedern. Zweiter Teil, Berlin 1745.

Leopold Friedrich Günther von Goeckingk: Verschiedenheit, in: L.F.G.v.G.: Gedichte. Teil 1–4, Frankfurt/M. 1821 (Teil 4).

Johann Wolfgang Goethe: Schenke komm!; So lang' man nüchtern ist, in: J.W.G.: Westöstlicher Diwan, Stuttgart 1819; Ergo bibamus, in: J.W.G.: Gedichte, hg. v. H.L. Arnold, Frankfurt/Main 2008.

Johann Nikolaus Götz: Auf den Burgunderwein, in: J.N.G.: Die Oden Anakreons in reimlosen Versen nebst einigen anderen Gedichten, 1746.

Franz Grillparzer: Rundgesang, in: F.G.: Gedichte, Stuttgart 1872.

Jacob und Wilhelm Grimm: Muttergottesgläschen, in: Kinder- und Hausmärchen, Große Ausgabe, 2 Bde, Göttingen 1843; Mauerkalk mit Wein gelöscht, in: J. u. W.G: Deutsche Sagen, 2 Bde, Berlin 1816–1818.

Hans Jacob Christoffel von Grimmelshausen: Vom Wein, in: H.J.Ch. v.G.: Satyrischer Pilgram, Leipzig 1667; Platz zum Wein; Warum eine Wirtstochter besonderen Wein kredenzte, in: Grimmelshausens Werke in vier Bänden, Berlin, Weimar 1964.

Mohammed Schemsed-din Hafis: Das LXXIV. Ghasel, aus: Der Buchstabe Ta; Das CV. Ghasel, aus: Der Buchstabe Dal, in: M.S.H.: Der Diwan. Aus dem Persischen zum erstenmal ganz übersetzt von Joseph von Hammer-Purgstall, Stuttgart, Tübingen 1812.

Friedrich von Hagedorn: Der Wein; Die Helden; Der Wettstreit, in: F.v.H.: Oden und Lieder in fünf Büchern, Hamburg 1747; Wein und Liebe, in: F.v.H.: Fabeln und Erzählungen, Erstdruck des ersten Buchs der Sammlung unter dem Titel: Versuch in poetischen Fabeln und Erzehlungen, Hamburg 1738.

Georg Philipp Harsdörffer: Man beschuldiget zwar die Teutschen …, in: Frauenzimmer Gesprechspiele, Nürnberg 1644. – Von dem Weinmonat, in: G.P.H.: Christliche Welt- und Zeitbetrachtungen. Zwölf Monatslieder, Erstdruck 1657: Christliche Betrachtungen deß Glänzenden Himmels/ flüchtigen Zeit- und nichtigen Weltlauffs: darinnen Die schöne und wunderbare Geschöpffe deß Allmächtigen himmelischen Werckmeisters Dem andächtigen Leser/ zu heilsamer Erbauung seines Christenthums/ fürgestellet werden; Von Johann Michael Dilherrn/ Predigern und Professorn in Nürnberg. Nürnberg/ In Verlegung Wolffgang deß Jüngern/ und Johann Andreae Endtern. Anno M.DC.LVII.

Wilhelm Hauff: Phantasie im Bremer Ratskeller, in: W.H.: Phantasien im Bremer Ratskeller, Stuttgart 1827.

Friedrich Hebbel: Geschlossener Kreis; Der Wein, in: Gedichte von Friedrich Hebbel. Gesammt-Ausgabe, stark vermehrt und verbessert, Stuttgart 1857.

Johann Peter Hebel: Die Schlafkameraden; Die betrogenen Zecher, in: J.P.H.: Erzählungen des Rheinländischen Hausfreundes, München 1985.

Heinrich Heine: Der neue Alexander, in: Nachlese zu den Gedichten, in: H.H.s Sämtliche Werke, 7 Bde., hg. v. Ernst Elster, Zweiter Band, Leipzig und Wien o.J. (1887–1890).

Georg Herwegh: Rheinweinlied, in: G.H.: Lieder eines Lebendigen, Stuttgart 1871.

Ludwig Christoph Heinrich Hölty: Trinklied; Trinklied im May, in: L.Ch.H.H.: Sämtliche Werke, Band 1, Weimar 1914.

August Heinrich Hoffmann von Fallersleben: Zur Weinlese; Unsre Väter sind gesessen, in: A.H.H.v.F.: Kinderlieder, Erstdruck der ersten Sammlung: Siebengestirn gevatterlicher Wiegenlieder für Frau Minna von Winterfeld, Polnisch-Neudorf 1827; Stöpselzieher; Champagnerlied; Klagelied; Wasser und Wein; Trinklied, in: A.H.H.v.F.: Unpolitische Lieder. Erster Theil, Hamburg 1840.

Anna Louisa Karsch: An den Wein, in: A.L.K.: Gedichte, hg. v. Caroline von Klencke, Berlin 1792.

Gottfried Keller: Die Winzerin; Rheinwein; Trinklied, in: G.K.: Gedichte, in: Sämtliche Werke, Bern 1936.

Justinus Kerner: Trinklied zum neuen Weine; Trinklied im Juni; Trinklied im Winter; Ein Lied nach dem Herbst, in: J.K.: Die lyrischen Gedichte, Tübingen 1854.

Klabund: Trinklied, in: K.: Die Hafenjule, Berlin 1927.

Johann Klaj: Bacchus in Gestalt deß Herbstes, in: J.K.: Irene, Nürnberg 1650.

Ewald Christian von Kleist: Liebeslied an die Weinflasche, in: E.Chr.v.K.: Neue Gedichte vom Verfasser des Frühlings, Berlin 1758.

Friedrich Gottlieb Klopstock: Der Rheinwein, in. F.G.K.: Oden, 1771.

Theodor Körner: Weinlied, in: Werke in vollständigster Sammlung, 4 Bde, Berlin 1858.

Kurt Kusenberg: Wein auf Lebenszeit, in: K.K.: Wein auf Lebenszeit. Die schönsten Geschichten, Reinbek 2004.
Copyright © 1969, 2004 by Rowohlt Verlag GmbH, Reinbek bei Hamburg

August Friedrich Ernst Langbein: Der Trinker an den Veteran der Liebe; Einst hat mir mein Leibarzt geboten, in: A.F.L.: Ausgewählte Gedichte, o.J. (um 1850)

Sophie von La Roche: Wein und Winzer, in: S.v.L.R.: Moralische Erzählungen, 2. Bde, Mannheim 1799.

Nikolaus Lenau: Der einsame Trinker, in: N.L.: Neuere Gedichte, Stuttgart 1838.

Gotthold Ephraim Lessing: An die Kunstrichter!; Der trunkne Dichter lobt den Wein; Antwort eines trunknen Dichters; Die Beredsamkeit; An den Wein; Die Stärke des Weins; Trinklied; Die Haushaltung; Der Tod, in: G.E.L.: Vermischte Schriften, 14 Theile, Band 1, Berlin 1771.

Heinrich Leuthold: Mit Freunden, in: Heinrich Leutholds Gedichte. Nach den Handschriften wiederhergestellt, Leipzig 1910.

Georg Christoph Lichtenberg: Bemerkungen zum Weine, in: G.Chr.L.: Schriften und Briefe, hg. v. Wolfgang Promies, München 1968 und 1972.

Friedrich von Logau: Motti; in: F.v.L.: Sinngedichte. Zwölf Bücher, hg.v. C.W.Ramler und G.E.Lessing, Leipzig 1759.

Eduard Mörike: Wechsellied beim Weine, in: Der Wein in Dichtung und Farbaufnahmen, Luzern, Frankfurt/M. 1967; Versuchung, in: Gedichte von Eduard Mörike, 4. vermehrte Aufl., Stuttgart 1867.

Gerhart Herrmann Mostar: Streiche des wieder fröhlichen Weingotts Dionysos, in: G.H.M.: Das kleine Buch vom großen Durst, Bern, Stuttgart, Wien 1963; Der rheinische Sex wirkt doppelt am Tiber, in: G.H.M.: Das Wein- und Venusbuch vom Rhein. Weltgeschehn durchs Glas gesehn, Bern, München, Wien 1960.

Maler Müller (Friedrich Müller): Der Wirt und die Gäste; Der Stärkere; Skolie, in: Maler Müller's Werke 1: Idyllen, Gedichte und Gedanken, Lebensgeschichte und Würdigung, Mannheim; Neustadt a.d.Hdt. 1918.

Wilhelm Müller (genannt Griechenmüller): Geselligkeit, Oben ab!; Doppeltes Vaterland; König Wein; Der Nachtwächter; Selbstgenügsamkeit des Zechers; Warnung vor dem Wasser; Die schlanke Kellnerin und die schlanken Flaschen; Die schönsten Töne, in: W.M.: Sieben und siebzig Gedichte aus den hinterlassenen Papieren eines Waldhornisten, Zweites Bändchen, Dessau 1824.

Louise Otto: Korn und Wein, in: L.O.: Mein Lebensgang. Gedichte aus fünf Jahrzehnten, Leipzig 1893.

Edgar Allan Poe: Das Faß Amontillado, in: E.A.P.: Grusel- und Schauergeschichten. Aus dem Amerikanischen von Gisela Etzel, Frankfurt/M. 2009.

Rainer Maria Rilke: Herbsttag, in: R.M.R.: Das Buch der Bilder, Leipzig 1906.

Friedrich Rückert: Der Talisman des Weines; Anmeldung in der Schenke; Die Quelle in der Wüste; Die zwei Mächte, in: Oestliche Rosen. Drei Lesen, Leipzig 1822; Becher und Wein, Erstdruck in: Bausteine zu einem Pantheon, in: Gesammelte Gedichte, 1. Teil, Frankfurt/M. 1843.

Joseph Viktor von Scheffel: Die Pfändung, in: J.V.v.Sch.: Kritische Ausgabe in 4 Bänden, Band 1, Leipzig/Wien 1917; Perkêo; Der Fünfundsechziger, in: J.V.v.Sch.: Sämtliche Werke, Leipzig, Wien 1924.

Friedrich Schiller: Punschlied: F.S.: Sämtliche Werke, München 1965 (Erstdruck 1803).

Ernst Stadler: Weinlese, in: E.S.: Der Aufbruch, Leipzig 1914.

Theodor Storm: Oktoberlied; Fidellied, in: T.S.: Gedichte, Berlin 1885.

Moritz Graf von Strachwitz: Schlage zum Himmel, Champagnergezisch, in: M.v.S.: Sämtliche Lieder und Balladen, Berlin 1912.

Paul Torday: Bordeaux. Ein Roman in vier Gängen. Aus dem Englischen von Thomas Stegers. Berlin 2008.

Georg Trakl: Ein Winterabend, in: G.T.: Sebastian im Traum, Leipzig 1914 (recte 1915).

Ludwig Uhland: Wein und Brot; Die Geisterkelter; Trinklied, in: L.U.: Gedichte, 2 Bde, Stuttgart 1898.

Johann Peter Uz: Die Weinlese, in: J.P.U.: Sämtliche poetische Werke. Erster [Zweyter] Band, Leipzig 1768 (Ausgabe letzter Hand).

Johann Nepomuk Vogl: Wasser und Wein, in: J.N.V.: Ausgewählte deutsche Lieder, hg. von Maria Blümel, 1915.

Johann Heinrich Voß: Trinklied; Tafellied, in: J.H.V.: Oden und Lieder, in: Gedichte, Königsberg 1802.

Warum eine Wirtstochter …, aus: Eulenspiegelischer Mercurius (1702), in: Deutsche Schwankliteratur vom 17. Jahrhundert bis zur Gegenwart, Frankfurt/Main 1992.

Georg Rodolf Weckherlin: Frölich zu leben, in: G.R.W.: Oden und Gesänge, 2 Bde, Stuttgart 1618 und 1619;. Gaistliche und Weltliche Gedichte, Amsterdam 1641 (erweitert 1648); auch in: Sämtliche Gedichte, hg. H. Fischer, 3 Bde, Tübingen 1893–1907.

Frank Wedekind: Wegweiser, in: F.W.: Die vier Jahreszeiten, in: Gesammelte Werke, Band 1, München 1912.

Georg Weerth: Der Wein, in: G.W.: Sämtliche Werke, Berlin 1957.

Christian Felix Weiße: Es irrt Cartesius …; Liebe und Wein; Der Betrug, in: Ch.F.W.: Scherzhafte Lieder, Leipzig 1758.

Das Lesebuch für Genießer
Herausgegeben von Lea Katharina Ostmann
Band 90081

Vom ›Kamasutra‹ bis zur ›Ode an die Freude‹, vom antiken Weingelage bis zum Festmahl bei den Buddenbrooks – das Lesebuch für Genießer breitet das gesamte Spektrum poetischer Lebens- und Sinnenfreude aus. Die Weltliteratur ist aber nicht nur ein Ort voller sinnlicher Genüsse, die man als Leser mitschmecken und mitfühlen kann. Vielmehr ist sie auch eine kluge Lehrmeisterin, die uns zeigt, dass der Genuss nicht einfach so vom Himmel fällt.

Mit Texten von François Rabelais, Carl Zuckmayer, Virginia Woolf und anderen.

Fischer Taschenbuch Verlag

fi 90081 / 1

Lesebuch für Glückliche
Und solche, die es werden wollen
Herausgegeben von Patrick Hutsch
Band 90110

Der Geruch von Kaffee am Morgen, der Anruf der Lieben, eine gute Zeit beim Marathon. Zufrieden, heiter, knackvergnügt. Wer kann schon sagen, was Glück ist. In dieser Sammlung werden Gedanken eingefangen, die auf den Spuren des Glücks wandeln – und es vielleicht manchmal zu fassen kriegen.

Mit Texten von Johann Wolfgang Goethe, Hermann Hesse, Ludwig Wittgenstein und anderen.

Das gesamte Programm von Fischer Klassik
finden Sie unter:
www.fischer-klassik.de

Fischer Taschenbuch Verlag

fi 90110 / 1